El jinete azul

Wassily Kandinsky

Los años de Múnich

y *El jinete azul*

casimiro

casimiro [*casimiroa edulis*]

Traducción de Francisco Uzcanga Meinecke

© Casimiro libros, Madrid, 2024

Todos los derechos reservados

www.casimirolibros.es

ISBN: 978-84-19524-33-1
D. L: M-19640-2024

Hecho en Madrid

ÍNDICE

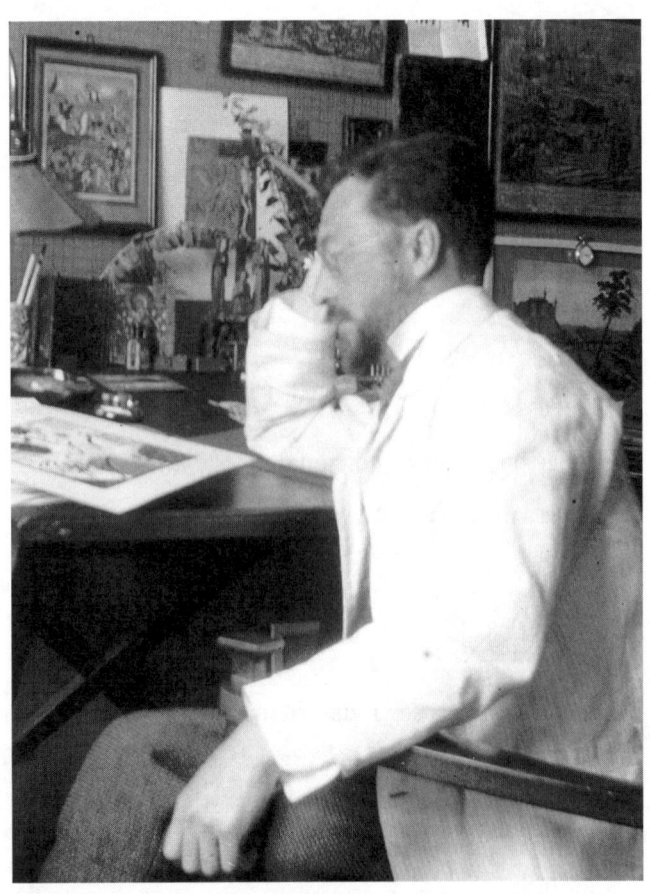

WASSILY KANDINSKY
(Moscú, 1866 - Neuilly-sur-Seine, 1944)
Fotografiado en 1911 ¿por Gabriele Münter?

Miradas al pasado
(1913-1918)

Los primeros colores que me impresionaron sobremanera fueron el verde claro y jugoso, el blanco, el carmín, el negro y el ocre. Los recuerdos se remontan a cuando tenía tres años. Vi estos colores en diferentes objetos que hoy día ya no aparecen tan diáfanos ante mis ojos como los colores mismos.

Como a todos los niños, me encantaba "montar a caballo". Con la intención de agradarme, nuestro cochero tallaba en unas ramas delgadas estrías en forma de espiral; las descortezaba a la altura de la primera estría y a la altura de la segunda sólo quitaba una capa superficial, de tal manera que mis caballitos tenían habitualmente tres colores: el pardo amarillento de la corteza externa (que no me gustaba y hubiera preferido cambiar por otro), el verde jugoso de la segunda capa de la corteza (que me gustaba especialmente y mantenía una porción de encanto incluso al marchitarse) y, finalmente, el blanco marfileño de la madera del bastoncito (que despedía

7

aroma a humedad e invitaba a lamerlo, pero que muy pronto se marchitaba y secaba tristemente, con lo que en seguida perdía la gracia para mí).

Creo recordar que mis abuelos se mudaron de piso poco antes de que mis padres partieran hacia Italia (nos llevaron también a mí y a mi niñera). Guardo la impresión del piso totalmente vacío, esto es, sin muebles ni personas. En una habitación no muy grande colgaba un solitario reloj de pared. Yo estaba delante y me deleitaba con el blanco de la esfera y el carmín de la rosa pintada en ella.

A mi niñera moscovita le sorprendía que mis padres hicieran un viaje tan largo para admirar "edificios derruidos y piedras viejas": "ya tenemos suficiente de eso en Moscú". De todas las "piedras" romanas solo me queda la imagen de un bosque infranqueable de gruesas columnas, ese terrible bosque de la basílica de San Pedro, en el cual, si me acuerdo bien, mi niñera y yo nos perdimos y tardamos mucho, mucho tiempo en encontrar la salida.

Italia entera se tiñe luego de negro en otras dos estampas que recuerdo. Atravieso un puente a bordo de un carruaje negro en compañía de mi madre (el agua de abajo es, creo, de color amarillo sucio): estaba en Florencia y me llevaban al jardín de infancia. Y otra vez el negro: unas escaleras se hunden en el agua negra, y sobre ella una barca alargada, negra, terrible, con un cajón negro en el centro: subimos por la noche a una góndola. Despliego aquí las dotes que me harán famoso "en toda Italia" y me pongo a berrear a moco perdido.

En un jueguecito de carreras de caballos había uno pío (con manchas ocres y crin rubia clara) que nos gustaba mucho a mi tía y a mí.[1] Manteníamos un orden estricto: una vez podía tener yo al caballo pío bajo mi jinete, otra vez lo tenía mi tía. Aún hoy conservo el cariño por estos caballos. Siempre me alegra ver uno de ellos por las calles de Múnich: aparece todos los veranos cuando riegan las calles. Despierta el sol que vive dentro de mí. Es inmortal, ya que no ha envejecido en los quince años que lo conozco. Fue una de mis primeras impresiones cuando me trasladé a Múnich, y la más intensa. Me quedé parado y lo seguí largo tiempo con la vista. Mi corazón se conmovió con una promesa semiinconsciente pero llena de luz. Hizo revivir en mí el caballito de plomo y vinculó Múnich con los años de mi infancia. El caballo pío logró que en Múnich me sintiera en seguida como en casa. De

1. Elizaveta Tijéieva, que tuvo una gran e indeleble influencia en toda mi evolución. Era la hermana mayor de mi madre y jugó un papel muy importante en su formación. Muchas otras personas con las que tuvo contacto recuerdan su radiante naturaleza.

niño hablaba mucho alemán (mi abuela por parte materna era báltica). Cobraron vida los cuentos alemanes que tan a menudo oía en mi infancia. Los altos y estrechos tejados –ahora desaparecidos– de la Promenadenplatz y de la Maximiliansplatz, el viejo barrio Schwabing y, especialmente, el barrio Au, que descubrí por casualidad, convirtieron esos cuentos en realidad. El tranvía azul atravesaba las calles como si la atmósfera de los cuentos se hubiera materializado, una atmósfera que hacía grata y alegre la respiración. Desde sus esquinas, los buzones amarillos entonaban vibrantes cantos de canario. Saludé la inscripción "Molino de las artes" y me sentí en una ciudad de artistas, que es lo mismo que una ciudad de cuentos de hada. De estas impresiones surgieron los cuadros medievales que pinté después. Siguiendo un buen consejo visité Rothenburg ob der Tauber. Nunca olvidaré los interminables transbordos del tren rápido al tren de pasajeros, del tren de pasajeros al tren de cercanías, con los raíles cubiertos de hierba, el fino silbido de la locomotora de cuello largo, el traqueteo y gimoteo de las ruedas amodorradas, y al viejo campesino con los grandes botones plateados que quería a toda costa hablar conmigo de París, y al que apenas entendía. Fue un viaje irreal. Me sentía como si una pócima mágica que hubiera anulado las leyes naturales me fuera transportando de siglo en siglo hacia un pasado cada vez más remoto. Abandono la pequeña (inverosímil) estación, atravieso un prado y entro en la villa por el gran portalón. Las puertas, las acequias, las casitas estrechas, que acercan sus cabezas por encima de las callejuelas y se miran fijamente a los ojos; la enorme puerta del hostal, que lleva directamente al sombrío e imponente comedor en medio del cual una ancha y maciza escalera de roble oscuro conduce a las habitaciones, la habitación estrecha y el mar de tejados de color rojo chillón que veo desde la ventana. El tiempo era lluvioso. En mi paleta se posaban gotas de lluvia, gruesas y redondas, se tendían burlonamente las manos desde lejos, se movían, temblaban, se unían de forma imprevista y repentina hasta convertirse en cordoncitos maliciosos, que corrían veloces y divertidas entre los colores, para acabar alguna que otra deslizándose en mis mangas. No sé dónde acabaron estos bocetos, han desaparecido. Sólo queda un cuadro de ese viaje. Es *La vieja ciudad*, pero lo pinté de memoria a mi vuelta a Múnich. Brilla el sol, y di a los tejados el rojo más chillón que pude.

También en este cuadro andaba al acecho de una hora determinada, que era y seguirá siendo la hora más bonita del día de Moscú. El sol ya está bajo y ha alcanzado su mayor intensidad, la que ha buscado durante todo el día, a la que aspiraba todo el día. La estampa no dura mucho: unos minutos más y la luz solar enrojece de puro esfuerzo, primero frío y luego cada vez más cálido. El sol funde todo Moscú en una mancha que, como una tuba furiosa, hace vibrar todo el interior, toda el alma. ¡No! Esta hora de rojo uniforme no es la más bella. Es solo el acorde final de la sinfonía que lleva cualquier color a la máxima plenitud, que hace resonar todo Moscú como el fortísimo final de una orquesta gigante. Casas de color rosa, lila, amarillo, blanco, azul, verde pistacho, rojo fuego; iglesias –cada una con su propia melodía–, el césped de color verde frenético, los árboles que rezongan con voz grave o la nieve que canta a mil voces, o el *allegretto* de las ramas desnudas, el muro rojo, rígido y taciturno del Kremlin. Y por encima, dominándolo todo, como un grito triunfal, como un aleluya que se olvida de sí mismo, la traza blanca, alargada, graciosamente severa del campanario de Iván Veliki. Y al final de su alto cuello, tensada, estirada en eterna nostalgia hacia el cielo, la cabeza dorada de la cúpula, que, entre las doradas y coloridas estrellas de las otras cúpulas, es en realidad el sol de Moscú.

Pensé que pintar esa hora sería una imposible y maravillosa dicha para un artista.

Estas impresiones se repetían cada día soleado. Me alegraban hasta el punto de hacer estremecer el fondo de mi alma, de llevarla al éxtasis. Y eran al mismo tiempo una tortura, ya que consideraba que mi arte en general, y muy especialmente mis fuerzas, eran sumamente precarias frente a la naturaleza. Tuvieron que pasar muchos años antes de que, gracias al sentimiento y al raciocinio, llegara a la simple conclusión de que los objetivos (es decir, también los medios) de la naturaleza y del arte son esencialmente distintos, tanto orgánicamente como por las leyes del universo, si bien igual de grandes y poderosos. Esta conclusión, tan sencilla y naturalmente bella, que es la que hoy guía mi arte, redujo a la nada el tormento de la inútil tarea que, a pesar de resultar inalcanzable, me había impuesto a mí mismo; borró ese tormento y elevó a las serenas alturas la alegría que sentía por la naturaleza y el arte. Desde entonces soy capaz de disfrutar plenamente de estos dos elementos universales. Al placer se suma el conmovedor sentimiento de gratitud.

Esta conclusión me liberó y me abrió nuevos mundos. Tembló todo lo "muerto". No solamente las estrellas, la luna, los bosques y las flores que cantan los poetas, sino también la colilla dentro del cenicero, el botón blanco y paciente que nos mira desde el charco en medio de la calle, el dócil pedazo de corteza de árbol asido a la fuerte mandíbula de una hormiga que lo arrastra por la alta hierba para destinarlo a fines inciertos e importantes, la hoja de calendario hacia la que se tiende la mano consciente para arrancarla violentamente de la cálida compañía de las otras hojas que quedan en el bloc: todo me mostraba su rostro, su ser interior, su alma escondida que calla con más frecuencia de la que habla. De esta forma cobró para mí vida cada punto en reposo y en movimiento (= línea) y me reveló su alma. Fue suficiente para, con la totalidad de mi ser, con todos mis sentidos, "aprehender" la posibilidad y la existencia del arte que hoy día, en contraposición al "figurativo", se conoce como "abstracto".

Pero antaño, cuando era estudiante y solo podía dedicar al arte mis horas libres, me afanaba, aunque pareciera imposible, por fijar en el lienzo el "coro de colores" (así lo llamaba yo) que irrumpía con furor en mi alma. Hacía desesperados esfuerzos para plasmar la fuerza de ese sonido, pero eran en vano.

Por la misma época mi alma se veía continuamente agitada también por otro tipo de estremecimientos, de naturaleza puramente humana, de tal forma que me era imposible encontrar una hora de asueto. Se estaba creando por entonces una asociación general de estudiantes que agruparía no solo a los de una universidad, sino a los de todas las universidades rusas y, como objetivo final, de las universidades de Europa occidental. Persistía la lucha de los estudiantes contra la taimada ley universitaria de 1885. Los "disturbios", las violaciones de las viejas tradiciones liberales moscovitas, la disolución por parte de las autoridades de organizaciones ya existentes, las nuevas organizaciones fundadas por nosotros, el retumbar subterráneo de los movimientos políticos, el desarrollo de la actividad autónoma de los estudiantes,[2] todo ello abrió la puerta a nuevas experiencias y sensibilizó las cuerdas del alma, las hizo más receptivas, con una mayor capacidad para vibrar.

Yo tuve suerte de que la política no me absorbiera del todo. La necesaria profundización en esa materia sutil

---

2. Esta actividad autónoma o "iniciativa" propia es una de las partes más gratificantes (lamentablemente demasiado poco cultivadas) de una vida comprimida en formas rígidas. Cada paso propio, ya sea colectivo o personal, tiene consecuencias, porque cuestiona la solidez de formas de vida, independientemente de que obtenga "resultados prácticos" o no. Crea una atmósfera en la que es posible criticar fenómenos rutinarios de la costumbre obtusa que siguen endureciendo y paralizando el alma. De ahí el embotamiento de la masa que tanto han lamentado siempre los espíritus más libres. Habría que dotar a las organizaciones corporativas de estructuras más laxas, de mecanismos para adaptarse a los nuevos fenómenos y no estar, como hasta ahora, tan sometidas a los "precedentes". Toda organización debe ser considerada como una mera transición hacia la libertad, como un lazo aun necesario pero lo más suelto posible, para que no obstaculice los siguientes pasos hacia el desarrollo posterior.

que se llama "lo abstracto" la llevé a la práctica a través de diversos estudios. Además de por la asignatura que elegí (economía nacional, sobre la que trabajé bajo la dirección del profesor A. J. Chuprov, un erudito superdotado y uno de los hombres más singulares que he conocido en mi vida), sentí fuerte atracción, de manera a veces simultánea, otras sucesiva, por diferentes ramas del saber: el derecho romano (que me fascinó por su sagaz, clarividente y altamente refinada "construcción", pero cuya lógica fría, extremadamente racional, rígida, no pudo finalmente satisfacer a un eslavo como yo); el derecho penal (al que me acerqué de manera especial, y tal vez demasiado exclusiva, a través de las entonces novedosas teorías de Lambroso); la historia del derecho ruso y del derecho de los campesinos (el cual, contraponiéndose al derecho romano, se me reveló como una liberación y una solución feliz que me impresionó grandemente y despertó en mí un profundo amor);[3] y otra dis-

3. Después de la "emancipación" de los campesinos en Rusia, el gobierno les concedió la autogestión autónoma, lo que, para sorpresa de muchos, impulsó la madurez política de los campesinos, así como una justicia propia, con la que, dentro de ciertos límites, los jueces elegidos por los mismos campesinos están capacitados para dirimir conflictos y dictar sentencias en casos criminales. Y precisamente aquí el pueblo ha descubierto el principio más humano que permite castigar severamente las faltas leves y no castigar, o hacerlo con condescendencia, las faltas más graves. Existe

ciplina muy cercana a esta, la etnografía, en la que al principio aspiraba a encontrar el alma del pueblo. Todos estos estudios acapararon mi interés y me ayudaron a pensar de manera abstracta.

Amé todas estas ciencias, y aún hoy recuerdo agradecido las horas de entusiasmo y, quizá también de inspiración, que me regalaron. Pero todas estas horas palidecieron al entrar en contacto con el arte, que tenía en exclusiva el poder de hacerme perder la noción del tiempo y el espacio. La labor científica no me había procurado nunca experiencias así, esa tensión interior, esos momentos creativos.

Sin embargo, no me sentía con la fuerza suficiente para prescindir de las otras obligaciones y lanzarme a llevar una vida de artista que, en aquel tiempo, se me antojaba eternamente feliz. Además, la vida en Rusia era entonces especialmente sombría, y a ello se sumó que se apreciaban mis trabajos científicos, así que opté por la ciencia. Pero en la rama que había elegido, la economía nacional, sólo me interesaba, aparte de la cuestión salarial, el pensamiento puramente abstracto. Sentía un rechazo inven-

para ello una expresión aldeana: "Según la persona". No se aplicó por tanto una jurisprudencia rígida (como era el caso en el derecho romano: en particular el *jus strictum*) sino una variante extremadamente dúctil, liberal, y que no estaba determinada por causas externas sino exclusivamente por causas internas.

cible por las transacciones bancarias, por el lado práctico del sistema monetario. Claro que no me quedaba más remedio que ocuparme también de estos temas.

Por la misma época tuvieron lugar dos sucesos que me conmocionaron hasta lo más profundo de mi ser, y que marcarían mi vida para siempre. Uno de ellos fue la exposición de impresionistas franceses en Moscú –en especial el *Los almiares* de Claude Monet–, y el otro, una representación de Wagner en el Teatro de la Corte: *Lohengrin*.

Hasta entonces solo conocía el arte realista, en realidad, exclusivamente el de los rusos; me quedaba horas y horas frente a la mano de Franz Liszt del retrato de Repin, y cosas así. Y, de pronto, veía un cuadro por primera vez. Que era un montón de paja me lo desvelaba el catálogo. Yo era incapaz de reconocerlo. Y me resultaba embarazoso. Pensé que el pintor no tenía derecho a pintar de forma tan imprecisa. Me pareció tosco que en el cuadro faltara el objeto. Y noté asombrado y confuso que el cuadro no solo te sobrecoge, sino que se graba de manera indeleble en la memoria y que, en el momento más inesperado, ves flotar delante de los ojos hasta el último detalle. Todo ello me resultaba incomprensible, no era capaz de sacar las conclusiones más elementales de esta experiencia. Pero lo que sí tenía absolutamente claro era el poder insospechado de la paleta, oculto hasta entonces para mí y que superaba todas mis fantasías. La pintura adquiría una fuerza y un esplendor fabulosos. A esto se unía que, de manera inconsciente, el objeto quedaba desacreditado como elemento indispensable del cuadro. Percibí en general que en el lienzo ya existía una pequeña porción de mi Moscú encantado.[4]

Lohengrin, por su parte, me pareció que convertía perfectamente en realidad ese Moscú. Los violines, los profundos tonos bajos y, especialmente, los instrumentos de viento encarnaban para mí toda la fuerza de las horas crepusculares. Veía mentalmente todos mis colores, estaban ahí, ante mis ojos. Líneas salvajes, casi enloquecidas, se dibujaban delante de mí. No me atrevía a expresar en voz alta que Wagner había pintado musicalmente "mi hora". Pero percibí muy claramente que el arte en gene-

---

4. El ´problema de la luz y del aire´ de los impresionistas me interesaba muy poco. Siempre pensé que las sagaces discusiones en torno a esta cuestión no tenían mucho que ver con la pintura. Más adelante me pareció más importante la teoría de los neo-impresionistas que, en última instancia, hablaba de la *acción de los colores*, y dejaba el aire en paz. Aun así percibí, al principio de forma difusa y luego ya plenamente consciente, que toda teoría basada en medios externos no es más que un caso que convive con otros muchos en igualdad de derechos; más adelante entendí también que lo exterior se desarrolla a partir de lo interior, o nace ya muerto.

ral es mucho más poderoso de lo que pensaba, percibí además que la pintura es capaz de desplegar las mismas fuerzas que la música. Y la imposibilidad de descubrir por mí mismo esas fuerzas, ni tan siquiera de buscarlas, amargaba aún más mi renuncia.

Pero yo nunca he sido lo suficientemente fuerte para imponerme a las adversidades cuando debía asumir mi deber, y me acobardé ante una búsqueda que me superaba.

Fue un acontecimiento científico lo que acabó despejando el camino del mayor de los obstáculos: la división del átomo. Sentí la desintegración del átomo como si fuera la desintegración del mundo. Cayeron de repente los muros más gruesos. Todo se volvió incierto, tambaleante, laxo. No me habría sorprendido que una piedra se hubiera fundido en el aire delante de mí y vuelto invisible. Me pareció que la ciencia se desintegraba: su base más sólida era tan solo un delirio, un error de los eruditos, que no levantaban con mano calma, piedra a piedra, su edificio divino bajo una luz deslumbrante, sino que tanteaban a oscuras y a la buena ventura en busca de certezas y, en su ceguera, tomaban un objeto por otro.

Ya de niño conocí las horas dulces y tortuosas de la tensión interior cuando se trata de materializar algo. Esas horas de convulsión interna y difusa añoranza que exigen de uno algo inaprensible, que oprimen el corazón durante el día, colmando el alma de inquietud, y que nos hacen vivir de noche sueños fantásticos llenos de aflicción y alegría. Como muchos otros niños y adolescentes traté de escribir poesías que, tarde o temprano, acabé haciendo pedazos. Me acuerdo también de que el dibujo puso fin a esa situación, es decir, que me hizo vivir fuera del tiempo y del espacio de tal manera que perdía la conciencia de mí mismo. Mi padre se dio pronto cuenta de mi afición y me hizo tomar clases de dibujo cuando aún estaba en el instituto.[5] Recuerdo cuánto me gustaba ya solo el material, lo particularmente atractivos, bonitos y vivos que me resultaban los colores, los lápices. De los

5. Mi padre, haciendo gala de una paciencia extraordinaria, dejó que persiguiera mis sueños y caprichos durante toda mi vida. Cuando tenía diez años se implicó en la elección entre el instituto de letras y la formación profesional: su explicación de las diferencias entre las dos escuelas me ayudaron, en la medida de posible, a tomar por mí mismo la decisión. Durante muchos años me sostuvo pecuniariamente de manera muy generosa. Siguió las vicisitudes de mi vida aconsejándome como un amigo de más edad, nunca ejerció ningún tipo de coacción al tratar cuestiones importantes. Su pauta educativa era la relación amistosa y la confianza absoluta hacia mí. Él sabe lo agradecido que estoy. Estas líneas deberían servir de advertencia a aquellos progenitores que tratan de apartar del camino correcto a sus hijos (muy especialmente a los que muestran talento artístico), a menudo con violencia y, de esta manera, los hacen infelices.

errores que hacía aprendía lecciones que, en la mayoría de los casos, siguen vigentes hoy día con la misma fuerza original. De muy niño pinté con acuarelas un caballo pío. Faltaban solo las pezuñas. Mi tía, que me ayudaba a pintar, tenía que salir, y me recomendó esperar con las pezuñas hasta que regresara. Me quedé solo ante la imagen sin terminar, me atormentaba la imposibilidad de dar las últimas pinceladas. ¡Me parecía un trabajo tan sencillo! Pensé que si hacía las pezuñas bien negras, serían absolutamente fieles a la realidad. Empapé el pincel todo lo que pude de pintura negra. Un instante después vi cuatro horribles manchas negras a los pies del caballo, repulsivas, completamente ajenas al papel. Me sentí desesperado, castigado de manera cruel. Más adelante entendí bien el miedo de los expresionistas ante el negro, y durante mucho tiempo sufrí verdadera angustia interior al aplicar negro puro al lienzo. Una adversidad así en la infancia extiende una larga sombra a lo largo de toda la vida futura.

Las otras experiencias que me causaron gran impresión durante mi etapa de estudiante y que me marcaron de manera decisiva durante muchos años fueron Rembrandt, en el Hermitage de San Petersburgo, así como el viaje a la gobernación de Vólogda, adonde fui enviado en calidad de jurista y etnógrafo por parte de la Sociedad

Imperial de Ciencias Naturales, Antropología y Etnografía. Cumplía una doble misión: estudiar el derecho penal campesino ruso (desentrañar los principios del derecho primitivo) y recolectar los últimos vestigios de la religión pagana de los zirianos, un pueblo de cazadores y pescadores en lenta vía de desaparición.

Rembrandt me estremeció profundamente. La gran separación del claro-oscuro; la mezcla de tonos secundarios en amplias fragmentos; el resultado de esa fusión de tonos, que ejerce el efecto de un gigantesco acorde de dos notas, sea cual sea la distancia del observador, y que me recordaron en seguida a las trompetas de Wagner y me revelaron posibilidades absolutamente novedosas; la fuerza sobrehumana de los mismos colores, y, especialmente, la potenciación de esa fuerza debida a las asociaciones, esto es, al contraste. Vi que cada una de las grandes superficies no tenía en sí nada mágico, que cada una de ellas ponía de inmediato al descubierto su origen en la paleta, pero que esa misma superficie obtenía un poder mágico en contraposición a la superficie adyacente, de tal manera que, a primera vista, parecía inverosímil que hubiera surgido de la paleta. Pero no era propio de mí servirme así, sin más, de un procedimiento recién descubierto. De forma inconsciente, adopté ante los cuadros ajenos la misma actitud que adopto ahora ante la "naturaleza", los saludé con respeto e inmensa alegría, pero como si fueran una fuerza extraña para mí. Por otro lado, percibía, también inconscientemente, que esa gran separación dotaba a los cuadros de Rembrandt de una peculiaridad que no había visto nunca antes. Sentía que sus cuadros "duraban largo tiempo" y me lo explicaba por el hecho de que necesitaba primero agotar hasta la extenuación *una* de las partes antes de pasar a la siguiente. Más adelante entendí que esta separación incorpora como por arte de magia un elemento que al principio parecía ajeno e inaccesible a la pintura: el tiempo.[6]

Los cuadros que pinté en Múnich hace diez, doce años habrían de presentar esta característica. No pinté más que tres o cuatro cuadros así, y en cada una de las partes traté de meter una serie "infinita" de tonos cromáticos ocultos a primera vista. Debían primero estar *escondidos* (especialmente en la parte oscura),[7] y solo, con el paso

6. Un caso simple de utilización del tiempo.
7. De esta época data mi costumbre de anotar reflexiones sueltas. Así nació, de manera inadvertida, *De lo espiritual en el arte*. Las notas se fueron acumulando a lo largo de al menos diez años. Una de las primeras notas sobre la belleza de los colores en un cuadro es esta: "El esplendor cromático en el cuadro debe atraer con enorme fuerza al espectador y, al mismo tiempo, ocultar el contenido profundo". Me refería al contenido pictórico, pero no en su forma pura (que es como lo entiendo hoy), sino en cuanto al sentimiento o a los sentimientos que el artista expresa con su pintura. En aquella

del tiempo, empezar poco a poco a mostrarse al espectador sumamente atento, al principio de forma difusa y como en tentativa, para resonar luego más y más con una fuerza progresivamente "inquietante". Noté, para gran sorpresa mía, que estaba aplicando el principio de Rembrandt. Fue un momento de amarga decepción y de dudas martirizantes sobre la propia capacidad, dudas sobre la posibilidad de encontrar medios de expresión propios. Me pareció además un recurso muy pobre materializar de esta manera mis elementos favoritos de entonces: lo oculto, el tiempo y lo inquietante.

En aquella época trabajaba de forma particularmente intensa, a menudo hasta bien entrada la noche, llegando a un estado de agotamiento que me obligaba a interrumpir la labor e irme rápidamente a dormir. Consideraba perdidos y me martirizaban los días que no trabajaba (¡que eran rarísimos!). Cuando el tiempo era más o menos apacible, pintaba cada día uno o dos bocetos, casi siempre en el viejo Schwabing, que se estaba convirtien-

época vivía aún en la ilusión de que el espectador se planta ante el cuadro con el alma descubierta y con la idea de captar un lenguaje que le es familiar. Estos espectadores existen (no es una ilusión), pero son tan raros como pepitas de oro en la arena. Hay incluso espectadores que, sin tener ninguna afinidad personal con el lenguaje de la obra, se entregan a ella y son capaces de recibir algo de ella. Me he topado con algunos a lo largo de mi vida.

do por entonces en un verdadero barrio de Múnich. En los momentos en que me frustraban el trabajo en el estudio y los cuadros pintados de memoria, esbozaba sobre todo paisajes que no me satisfacían del todo y que rara vez utilicé más adelante para convertirlos en cuadros. Deambular con la caja de pinturas en la mano y ánimo de cazador en el corazón no me parecía tan respetable como pintar cuadros en los que, de manera semiconsciente o semiinconsciente, trataba de adentrarme en las cuestiones de la composición. La palabra "composición" me estremecía en lo más hondo y más adelante fijé como uno de los objetivos de mi vida pintar una "composición". Esta palabra ejercía sobre mí el efecto de una plegaria. Le profesaba veneración. Me dejaba ir en los estudios que pintaba. No pensaba en casas ni en árboles, trazaba con la espátula rayas y manchas de colores en el lienzo, y las dejaba cantar con la mayor fuerza posible. En mis oídos resonaba la hora crepuscular de Moscú, ante mis ojos aparecía toda la poderosa gama de luces de Múnich, saturada de colores, con un fragor profundo en las sombras. Después, sobre todo cuando estaba en casa, me invadía una honda decepción. Mis colores me parecían flojos, planos, el estudio en su conjunto era un inútil esfuerzo para captar las fuerzas de la naturaleza. Me resultaba extraño escuchar que exageraba los colores de la naturaleza, que esa exageración hacía incomprensibles mis cuadros y que mi única salvación era aprender a "romper los colores". La crítica de Múnich (que fue parte de ella muy favorable, al menos al principio)[8] pretendió explicar mi "riqueza cromática" por la influencia bizantina. La crítica rusa (que casi sin excepción me injurió en términos no aptos para el parlamento) opinaba que la estancia muniquesa me estaba depravando. Fue entonces cuando comprobé por vez primera hasta qué punto la mayoría de los críticos actúan aviesamente, con ignorancia y sin escrúpulos. Explica ello también la frialdad con que los artistas sensatos asumen las críticas más feroces.

La inclinación hacia lo "oculto", lo encubierto me salvó de lo que pudiera tener de nocivo el arte popular que, en su terreno legítimo y en su forma más primigenia, vi por primera vez durante mi viaje a Vólogda. Fui primero en tren y con la sensación de recorrer otro planeta, luego un par de días a bordo de un barco de vapor

8. Todavía hoy buena parte de la crítica aprecia cierto talento en mis viejos cuadros, lo que es buena prueba de sus deficiencias. En los posteriores y en los últimos ven confusión, un callejón sin salida, una decadencia y, a menudo, una impostura, lo que es buena prueba de la siempre creciente fuerza de estos cuadros. Por descontado que no hablo aquí sólo de la crítica muniquesa: para ellos -a excepción de un puñado de casos-, mis libros son de una malintencionada charlatanería. Sería triste que el juicio fuera otro.

sobre el río Sújona, más adelante en una carreta rudi-
mentaria a través de bosques eternos, entre colinas de
diversas tonalidades, a través de ciénagas y desiertos. Iba
todo el rato solo, una circunstancia ideal para sumergirme en el paisaje y en mí mismo. Durante el día lucía a
menudo un sol ardiente, las noches eran glaciales, y
recuerdo con agradecimiento a los cocheros, que me
envolvían una y otra vez en mi manta de viaje que solía
resbalar con al traqueteo y las sacudidas de la carreta sin
amortiguación. Llegaba a pueblos donde aparecían de
repente todos los habitantes vestidos de gris de la cabeza a los pies, con los rostros y el cabello de color entre
verdoso y pajizo, o ataviados con variopintos trajes
regionales, como si fueran abigarrados cuadros vivos
andando a dos patas. Nunca olvidaré las grandes casas
de madera cubiertas de tallas. En esas casas mágicas viví
una experiencia que nunca más se ha repetido. Me
enseñaron a moverme dentro del cuadro, a vivir en un
cuadro. Me acuerdo que, cuando entré por primera vez
en la sala, me quedé de piedra ante la inesperada imagen
que tenía ante mí. La mesas, las banquetas, la estufa de
leña, tan importante y tan grande en los caseríos rusos,
los armarios y todos los objetos estaban pintados con
ornamentos de múltiples colores y de dimensiones muy
generosas. En las paredes, escenas populares: la repre-

sentación simbólica de un héroe, una batalla, la versión pictórica de una canción popular. La esquina "roja" (en ruso antiguo "rojo" es sinónimo de "bello") recubierta enteramente de iconos grabados y pintados; delante, una lamparita suspendida del techo que expande luz roja, como una estrella que brilla y florece, llena de sabiduría, con voz discreta y queda, humilde pero orgullosamente consciente de sí misma. Al entrar en la habitación me sentí inmediatamente rodeado por todas partes de pintura, sumergido en ella. La misma sensación me invadía de forma inconsciente cuando me encontraba en el interior de una iglesia moscovita y, en particular, en la catedral del Kremlin. Cuando, al regreso de mi viaje, volví a visitar esas iglesia sí viví esa sensación de manera absolutamente nítida. Más adelante experimenté a menudo lo mismo en capillas bávaras o tirolesas. Naturalmente, la impresión era siempre un poco distinta, con otros matices, ya que cada vez había elementos muy diferentes: ¡Iglesia! ¡Iglesia ortodoxa! ¡Capilla! ¡Capilla católica!

Hice muchos bosquejos. De las mesas y de todo tipo de ornamentos, nunca mezquinos y pintados siempre con una fuerza tal que el *objeto se diluía en ellos*. Pasó también mucho tiempo antes de que adquiriera conciencia de esta impresión.

Probablemente a través de estas impresiones, y no de otra forma, fueran tomando cuerpo mis otros deseos, los objetivos que me imponía para mi propio arte. He pasado muchos años tratando de que el espectador *"pasee" por el cuadro*, forzándolo a diluirse en el cuadro olvidándose de sí mismo.

A veces lo he conseguido: lo he observado en algunos espectadores. A partir del efecto que de forma inconsciente ejerce la pintura sobre el objeto pintado –y que se puede diluir en el acto mismo de pintar–, se fue desarrollando aún más mi aptitud para *no tener en cuenta* el objeto del cuadro. Mucho después, cuando ya vivía en Múnich, me hechizó una visión imprevista que tuve en mi estudio. Fue justo cuando empezaba el crepúsculo. Llegué a casa con mi caja de pintura bajo el brazo tras haber hecho un boceto, absorto y sumido aún en el trabajo recién culminado, cuando, de súbito, vi una imagen de una belleza indescriptible, impregnada de un intenso ardor interno. Me quedé unos instantes perplejo, luego me dirigí precipitadamente hacia esa extraña imagen en la que no veía más que formas y colores, y cuyo contenido me era incomprensible. De inmediato encontré la clave del enigma: era un cuadro pintado por mí mismo que estaba apoyado en una de las paredes laterales. Al día siguiente traté de recuperar la misma impresión que me había causado la imagen. Pero lo logré sólo a medias: a pesar de su posición lateral, podía reconocer constantemente los objetos, y faltaba la fina luz esmaltada del crepúsculo. Ahora sabía con toda certeza que el objeto perjudica mis cuadros.

Me enfrentaba a un abismo estremecedor, a una serie de cuestiones de gran trascendencia. Y la más importante de ellas era: ¿cómo compensar la falta de objeto? Tenía muy presente el peligro de la ornamentación, me asustaba la existencia ilusoria e inane de las formas estilizadas.

Sólo tras muchos años de trabajo paciente, de intensas reflexiones, de múltiples tanteos cautos con los que trataba de desarrollar mi capacidad para experimentar los colores de manera pura y abstracta, ahondando cada vez más en esas profundidades insondables, llegué por fin a las formas pictóricas en las que trabajo hoy, en las que trabajo hoy y que, espero, seguiré desarrollando mucho más en el futuro.

Transcurrió mucho tiempo antes de que lograra hallar una respuesta adecuada a la pregunta: "¿Qué puede remplazar al objeto?". A menudo vuelvo la mirada al pasado y me desespero al comprobar lo mucho que tardé en resolver la cuestión. Tan sólo me queda un consuelo: nunca fui capaz de servirme de una forma que hubiera brotado de mí de manera lógica, y no de manera pura-

mente emocional. Nunca supe crear formas racional-
mente, y me repugna ver formas así. Todas las formas
que necesitaba llegaron "por sí mismas", aparecían ya
consumadas ante mis ojos y tan sólo tenía que copiarlas,
o se iban configurando durante el trabajo, a menudo sor-
prendiéndome a mí mismo. Con los años he aprendido a
dominar algo esta fuerza creativa. Me he ejercitado
mucho para no dejarme ir, para disciplinar la fuerza que
bulle dentro de mí, para canalizarla. Con los años he
comprendido que no es satisfactorio trabajar con el
corazón latiendo a toda velocidad, con el pecho oprimi-
do (de ahí que más tarde me dolieran las costillas) y con
tensión en todo el cuerpo. Pueden agotar al artista pero
no su tarea. El caballo lleva a su jinete con vigor y rapidez. Pero es el jinete quien guía al caballo. El talento lleva
al artista a altas esferas con vigor y rapidez. Pero el artista encarrila su talento. Constituye esto el elemento "consciente", "calculador" del trabajo, o como se quiera llamar.
El artista debe conocer perfectamente su don, y, como un
perspicaz hombre de negocios, no desperdiciar ni dejar
de lado ninguna piececita, sino aprovecharlas todas y
sacar de ellas lo máximo posible.

Este adiestramiento, este pulimiento del don, requiere
una gran capacidad de concentración que, por otro lado,
revierte en prejuicio de las otras capacidades. Lo he com-

probado muy bien en mí mismo. Nunca he dispuesto de la así llamada buena memoria: especialmente en lo que se refiere a recordar cifras, nombres, o a aprender poemas de memoria. La tabla de multiplicar me parecía un obstáculo insalvable que dura hasta el día de hoy, y que desesperaba a mis maestros. Desde el comienzo tuve que recurrir a la memoria visual, y entonces sí funcionaba. En el examen estatal de estadística cité una página entera de cifras solo porque, en medio de la excitación, era la página que veía dentro de mí. De esta manera, siempre y cuando lo permitieran mis conocimientos técnicos, ya de niño era capaz de pintar de memoria en casa los cuadros que me habían impresionado en una exposición. Más adelante pintaba con más facilidad un cuadro "a partir del recuerdo" que del natural. Así pinté "La vieja ciudad" y, después, muchos dibujos coloreados de Holanda y de países árabes. Podía enumerar de memoria y sin errores todas las tiendas de una calle larga, porque las veía delante de mí. De manera inconsciente registraba sin cesar impresiones, a veces con tal intensidad y frecuencia que sentía una opresión en el pecho y me costaba respirar. Llegué a estar tan exhausto, tan sobresaturado, que envidiaba a los funcionarios que se pueden relajar absolutamente después de cumplir su jornada laboral. Añoraba el reposo abotargado, esa "mirada de mozo de cuerda" que decía Arnold Böcklin. Pero yo tenía que ver sin interrupción.

Hace unos años noté de repente que esa facultad había disminuido. Al principio me alarmé, pero luego entendí que, gracias a mi mejor adiestrada capacidad de concentración, las fuerzas que me permitían observar de manera continua se habían encauzado en otra dirección y me abrían nuevas vías ahora mucho más necesarias. Mi capacidad para sumergirme en la vida interior del arte (y por tanto también en mi alma) aumentó tanto que a menudo me pasaban desapercibidos ciertos fenómenos exteriores, los dejaba simplemente de lado, algo que hasta entonces no había sucedido.

No me he impuesto mecánicamente esta facultad, así lo creo al menos; vivía dentro de mí como un organismo, pero en forma embrionaria.

A la edad de trece o catorce años me compré, con dinero que fui ahorrando a lo largo de mucho tiempo, una caja de pinturas al óleo. Lo que sentí entonces, mejor dicho: la experiencia de la pintura saliendo del tubo, me sigue impactando hoy día. Una presión del dedo y, jubilosas, alborozadas, pensativas, soñadoras, ensimismadas, con profunda seriedad, con burbujeante picardía, con el suspiro de la liberación, con el grave sonido del duelo, con fuerza y resistencia férreas, con suavidad y abnegación llenas de transigencia, con terco autodominio, con sensible volatilidad del equilibrio..., así iban saliendo una tras otras esas extrañas criaturas llamadas pinturas; vivas en sí mismas, autónomas, dotadas de todas las cualidades necesarias para existir de forma independiente, y dispuestas en todo momento a plegarse voluntariamente a nuevas combinaciones, a mezclarse entre sí y a crear una infinidad de mundos nuevos. Algunas de ellas yacen ahí, lánguidas, debilitadas, secas, fuerzas muertas y recuerdos vivos de las posibilidades pasadas, descartadas por el destino. Como en el combate, como en una batalla emergen del tubo fuerzas nuevas y frescas que reemplazan a las viejas. En el centro de la paleta hay un mundo singular de restos de pinturas ya utilizadas que, lejos de la fuente, vagabundean por el lienzo en necesarias formas corpóreas. Aquí hay un mundo creado a partir de la voluntad de pintar, a partir de los cuadros ya pintados y también de los azares, del enigmático juego de unas fuerzas ajenas al artista. Tengo mucho que agradecer a estos azares: me han enseñado más que cualquier profesor o cualquier ilustre maestro. Los he estudiado con amor y admiración a lo largo de muchas horas. La paleta formada a partir de estos elementos, que es una "obra" en sí misma y a menudo más bella que cualquier cuadro, debe ser elogiada por las alegrías que nos proporciona. En ocasiones me parecía que el pincel que arrancaba con voluntad inflexible pedazos de esa criatura cromática producía al hacerlo una tonalidad musical. A veces oía un rumor al mezclarse los colores. Era como si uno estuviera escuchando sonidos en la cocina secreta de un alquimista envuelto en misterio.

¡Cuántas veces se ha burlado y reído malévolamente de mí esa primera caja de pintura! O bien resbalaba la pintura del lienzo, o bien se resquebrajaba al poco tiempo, o se aclaraba, se oscurecía, o bien saltaba del lienzo y flotaba en el aire, o bien se volvía cada vez más turbia y parecía un pájaro muerto a punto de pudrirse..., y yo no sabía cómo ocurría todo esto.

Más tarde oí decir a un artista muy conocido (ya no me acuerdo quién fue): "Al pintar, una mirada al lienzo, media mirada a la paleta, diez miradas al modelo". Sonaba muy bien, pero en seguida pensé que en mi caso tendría que ser al revés: "Diez miradas al lienzo, una a la paleta y media a lo que se pinta". Así he aprendido a batirme con el lienzo, a conocerlo como un ser indómito y que se resiste a mi voluntad –a mi sueño–, a obligarlo violentamente a plegarse a ella. Primero se me presenta como una virgen pura y casta, de mirada diáfana y júbilo celestial, esa tela pura tan *bella* en sí misma como un cuadro. Y luego llega el pincel anhelante que, primero aquí, luego allá, acaba invadiendo la tela con su energía característica, como un conquistador europeo que en la salvaje naturaleza virgen, en la que nadie se ha adentrado aún, se abre camino con el hacha, la pala, el martillo, la sierra, para someterla a su voluntad. Con el tiempo he aprendido a no ver la obstinada blancura del lienzo, a solo prestarle unos instantes la atención (como control), en vez de ver en ella los tonos que la acabarán remplazando. Y así llegaba una cosa lentamente detrás de la otra.

Pintar es una colisión estruendosa de mundos diversos destinados a crear en la lid, y como resultado de ella, el nuevo mundo llamado obra. Cada obra nace, desde un punto de vista técnico, igual que nació el cosmos: por catástrofes que, a partir del caótico rugido de los instrumentos, acaban creando una sinfonía llamada música celestial. La creación de una obra es la creación del mundo.

De esta manera, las sensaciones que me proporcionaban los colores en la paleta (y también en los tubos, que semejan hombres anímicamente fuertes pero de apariencia humilde, capaces de desplegar y activar su hasta entonces oculto poderío en caso de urgencia) se convertían en experiencias espirituales. Estas experiencias sirvieron de punto de partida para las ideas que empezaron a ensamblarse de manera consciente hace unos diez o doce años y que acabaron cuajando en el libro *De lo espiritual en el arte*. Es un libro que, más que escribirlo yo, se ha escrito por sí solo. Yo anoté una serie de experiencias que, como me di cuenta más adelante, estaban relacionadas entre sí formando un todo orgánico. Sentía cada vez más y con mayor claridad que en el arte no importa tanto lo "formal" como el deseo interior (o lo que es igual: el contenido) que delimita el dominio de lo formal. Un paso adelante –para el que necesité un tiempo vergonzosamente largo– lo supuso el hecho de resolver la cuestión artística exclusivamente sobre la base de la necesidad interior, capaz de trastornar en cualquier instante todas las reglas y todos los límites conocidos.

De esta manera, el reino del arte y el reino de la naturaleza se fueron separando cada vez más para mí, hasta que pude sentirlos como ámbitos absolutamente independientes. Algo que se acabó manifestando de forma plena este mismo año.

Abordo aquí un punto sensible de mi memoria, que fue para mí en su día una fuente de sufrimiento. Cuando regresé a Múnich desde Moscú con una sensación de volver a la vida, dejando atrás el trabajo forzado para emprender el placentero, me topé con un obstáculo que dificultaba mi liberación y que, al menos por un tiempo y si acaso de manera novedosa, me convertía en esclavo: trabajar con un modelo.

Visité la escuela, entonces muy famosa, de Anton Azbe,[9] Había mucha gente, y dos o tres modelos "sentados para la cabeza" o "de pie para el desnudo". Alumnos de ambos sexos y diversas nacionalidades se agolpaban en torno a esos fenómenos de la naturaleza que olían mal, posaban apáticos, sin carácter la mayoría de ellos, y cobraban entre 50 y 70 peniques la hora; los alumnos rasgaban cuidadosamente el papel y la tela, produciendo un leve ruido, y se afanaban por reproducir concienzudamente la anatomía, la estructura y el carácter de esas personas que les eran indiferentes. Mediante la intersección de líneas intentaban marcar la conexión entre los músculos, sometían las superficies y las líneas a un tratamiento especial para modelar las aletas de la nariz, los

9. Anton Azbe fue un artista de talento y de rara bondad. Muchos de sus numerosos alumnos estudiaban con él de manera gratuita. Siempre que alguno se excusaba por no poder pagarle, recibía como respuesta: "¡A trabajar bien! ¡Es lo que importa!". Tuvo al parecer una vida muy desafortunada. Se le podía oír reír, pero nunca verlo: apenas se alzaba la comisura de los labios, los ojos se mantenían siempre tristes. No sé si alguien estaba iniciado en el enigma de su solitaria vida. Y su muerte fue tan solitaria como su vida: murió totalmente solo en su estudio. A pesar de sus altos ingresos, a su muerte apenas dejó unos pocos miles de marcos. Fue entonces cuando se supo hasta qué punto llegaba su generosidad.

labios, para construir la cabeza según el "principio de la bola", y, al menos me parecía a mí, en ningún momento pensaban en el arte. En muchas ocasiones me ha interesado el juego de líneas del desnudo. En otras muchas me ha resultado insufrible. El efecto de las líneas en ciertas posturas de algunos cuerpos me producía rechazo, y tenía que hacer grandes esfuerzos para reproducirlas. Estaba en continua lucha conmigo mismo. Solo cuando salía a la calle podía respirar libremente, y a menudo tenía que reprimir las ganas de "hacer novillos", de agarrar la caja pintura y captar a mi manera el barrio de Schwabing, el Jardín Inglés o las orillas del Isar. O me quedaba en casa y trataba de pintar un cuadro de memoria, a partir de un estudio o recurriendo a la fantasía, sin regirme demasiado por las leyes naturales. Algunos colegas me tachaban de vago, decían que estaba poco capacitado, lo que me afectaba mucho, ya que sentía muy dentro de mí el amor al trabajo, a la aplicación, y el talento. Acabé por aislarme, por sentirme también extranjero en ese entorno, y me concentré con mayor intensidad todavía en aquello que anhelaba.

Aun así, me sentía obligado a seguir participando en el curso de anatomía, de forma escrupulosa e incluso repitiéndolo. La segunda vez asistí al curso, temperamental y de vibrante vitalidad, que ofrecía el profesor Moillet.

Dibujé los animales y plantas disecados, tomé apuntes de las clases, respiré el hedor a cadáver. Pero, inconscientemente, percibí algo extraño al oír hablar de la estrecha relación entre la anatomía y el arte. Incluso me sentí ofendido, de manera similar a cuando me dijeron en tono docente que el tronco del árbol "debe reproducirse siempre con el suelo en que se hunde". No había nadie que pudiera ayudarme a salir del embrollo que sentía sumergido en esas tinieblas. También es cierto que nunca participé a nadie mis tribulaciones. Todavía hoy pienso que uno debe disipar sus dudas en la soledad del alma propia y que, en caso contrario, profanaría la solución que ha adoptado con firmeza y por sí mismo.

Pero en esa época descubrí pronto que, aun cuando al principio parezca muy "fea", cualquier cabeza es en realidad de una belleza perfecta. La ley natural de la construcción, que se manifestaba en cada una de ellas de manera tan consumada, tan irreprochable, les proporcionaba esa capa de hermosura. A menudo me plantaba ante un modelo "feo" y me decía: "¡Qué inteligente!". En cada detalle se muestra una inteligencia suprema: el agujero de la nariz, por ejemplo, despierta en mí la misma admiración que el vuelo de un pato salvaje, la conexión de la hoja con la rama, el nadar de una rana, el pico del pelícano, etc. Ese sentimiento de admiración hacia la belleza, la inteligencia, lo obtuve de inmediato en las clases del profesor Moillet.

Sentí de manera imprecisa que me adentraba en los secretos de un reino en sí mismo. Pero era incapaz de establecer conexiones entre ese reino y el reino del arte. Visité la vieja pinacoteca y pude constatar que ninguno de los grandes maestros había logrado agotar absolutamente la belleza y la inteligencia de los modelos naturales: la naturaleza quedaba intacta. A veces hasta me parecía que se burlaba de esos empeños. Pero en la mayoría de los casos tenía la sensación de que la naturaleza era algo "divino" en sentido abstracto: creaba *sus* objetos, recorría sus caminos hacia *sus* metas, que desaparecían entre la bruma, vivía en *su* propio reino, que, extrañamente, estaba lejos de mí. ¿Qué postura debía adoptar frente al arte?

Cuando algunos de mis colegas vieron mis trabajos, en seguida me colgaron la etiqueta de "colorista". Un par de ellos me tacharon, no sin cierta malicia, de "paisajista". Me afectaba, aunque admitía la legitimidad de ambas calificaciones. Sentía, en efecto, que me encontraba mucho más a gusto en el reino de los colores. Y no sabía muy bien cómo abordar el mal que me amenazaba.

En aquella época Franz Stuck estaba considerado el "dibujante número uno de Alemania", así que fui a visitarlo; lamentablemente, sólo llevaba mis trabajos escolares. Le pareció todo mal dibujado y me aconsejó participar durante un año en las clases de dibujo de la Academia. No aprobé el examen de ingreso, lo que me enfadó, pero sin desanimarme lo más mínimo: en el examen se dieron por buenos dibujos que a mí, con toda la razón del mundo, me parecían torpes, sin talento alguno ni la más mínima pericia. Después de trabajar un año en casa volví a visitar a Franz Stuck; esta vez llevaba bocetos de cuadros que no podía terminar y algunos estudios de paisajes. Me aceptó en su clase, y cuando le pregunté su opinión sobre mis dibujos, me respondió que tenían mucha expresividad. Ya desde mi primer trabajo en la Academia, Stuck se había opuesto con vehemencia a mis "extravagancias" con los colores y me recomendó pintar primero en blanco y negro para concentrarme así sólo en la forma. De manera sorpresiva para mí, habló con mucho afecto del arte, del juego con las formas, de la fusión de las formas entre sí, y se ganó toda mi simpatía. Con él sólo quería aprender a dibujar, ya que enseguida había notado su escasa sensibilidad para los colores, así que seguí sus consejos a rajatabla. Aunque tuve momentos amargos y serios motivos de irritación, al recordar hoy día ese año de trabajo prevalece el agradecimiento. Stuck apenas hablaba y, cuando lo hacía, a veces era de manera confusa. Cuando me corregía algún trabajo, me quedaba a menudo largo rato elucubrando sobre sus observaciones, pero *a posteriori* las encontraba acertadas. Con un simple comentario acabó con la maldición que me perseguía de no poder terminar un cuadro. Me dijo que trabajaba de manera demasiado nerviosa, que picoteaba de inmediato lo más interesante y que lo acababa malogrando al retardar demasiado tiempo la parte árida del trabajo. "Yo me levanto con la idea: hoy me está permitido hacer esto o lo otro". Este "me está permitido" no sólo me reveló el profundo amor de Stuck por el arte, y el máximo respeto que le profesaba, sino también el secreto del trabajo serio. Y, en cuanto llegué a casa, terminé de pintar mi primer cuadro.

Pero durante muchos años seguí como un simio dentro de una red: las leyes orgánicas de la construcción tenían atrapada mi voluntad, y solo tras grandes esfuerzos y numerosas tentativas logré derribar ese "muro que se alzaba ante el arte". De esta manera ingresé por fin en el reino del arte, que, igual que la naturaleza, la ciencia, la política, es un reino en sí mismo, regido por unas leyes propias y exclusivas, y que, junto a los otros reinos, acaba conformando ese gran reino que nosotros tan solo podemos presentir de manera vaga.

Hoy es el gran día de una de las manifestaciones de ese reino. Las conexiones entre esos reinos han sido iluminadas como por un rayo: surgieron de las tinieblas de forma inesperada, causando al mismo tiempo conmoción y júbilo. Nunca habían estado tan estrechamente conectadas, nunca habían estado tan claros los límites entre sí. Este rayo es hijo del sombrío cielo espiritual, que, negro, asfixiante y muerto, se cernía sobre nosotros. Aquí empieza la gran época de lo espiritual, la revelación del espíritu. Padre. Hijo. Espíritu.

Con el paso del tiempo y solo de manera paulatina percibí que, en general, pero muy especialmente en el arte, la "verdad" no es una equis dada, no es una magnitud imperfectamente conocida pero inmutable, sino una magnitud variable que se encuentra en perpetuo y lento movimiento. De pronto me pareció como un caracol que avanza muy despacio, que apenas parece moverse de su sitio y deja tras sí una raya viscosa en la que quedan pegadas las mentes de pocas miras. También aquí descubrí primero en el arte este hecho tan trascendente, y más adelante constaté que la misma ley rige los otros ámbitos de la vida. Este movimiento de la verdad es muy complejo: lo falso se vuelve cierto, lo cierto se vuelve falso, algunos trozos se desgajan como la cáscara de una nuez, la nuez rueda, el tiempo pule la cáscara, algunos creen por ello que la cáscara es la nuez y atribuyen a esa cáscara la vida de la nuez, muchos pugnan por la cáscara, y la nuez sigue rodando, una nueva verdad parece caer del cielo, y se diría tan precisa, rígida y sólida, tan infinitamente elevada que algunos trepan hacia ella como por una larguísima estaca, y están convencidos de que esta vez alcanzarán el cielo..., hasta que se rompe, y los trepadores caen como ranas en la ciénaga, en la turbia ignorancia. El ser humano se parece muchas veces a un escarabajo que uno sostiene por el dorso: mueve las patitas con anhelo sordo, se agarra a cualquier brizna que le acercamos, y siempre cree que esa brizna es su salvación. En la época de mi "incredulidad" me preguntaba: ¿quién me sostiene por el dorso? ¿Qué mano me acerca la brizna y luego la retira? ¿O es que yazgo de espaldas en la tierra polvorienta e impasible y trato de alcanzar las briznas que crecen "por sí solas" en torno a mí? ¡Cuántas veces sentía esa mano en mi espalda, y luego otra que se posaba en mis ojos y me sumergía en la noche tenebrosa cuando en realidad brillaba el sol!

En muchos aspectos, el arte es muy parecido a la religión. Su evolución no es fruto de nuevos descubrimientos que invalidan las viejas certezas y las etiquetan de erráticas (tal como parece suceder en la ciencia). El arte evoluciona a base de destellos súbitos, similares a un rayo, de explosiones que detonan en el cielo como fuegos de artificio y expanden en torno a sí un *bouquet* de estrellas resplandecientes. Ese destello muestra con luz cegadora nuevas perspectivas, nuevas verdades que, en el fondo, no son otra cosa que el desarrollo orgánico, el crecimiento orgánico de la sabiduría anterior que, lejos de ser anulada por la nueva, sigue viviendo y creando como sabiduría y certeza. La nueva rama no hace superfluo el tronco del árbol: es el tronco quien condiciona la vida de la rama. ¿Habría sido posible el Nuevo Testamento sin el Antiguo? ¿Sería imaginable nuestra época, en el umbral de la "tercera" revelación, sin la segunda? Es en la ramificación del tronco original donde "todo comienza". Y la ramificación, el crecimiento y la diversificación posteriores, que a veces irritan y desesperan, son las etapas necesarias para llegar a la imponente copa; las etapas que, en última instancia, conforman el árbol verde.

Según sus propias palabras, Jesucristo no vino a la tierra para abolir la vieja ley. Cuando pronunciaba la fórmula: "Habéis oído que se ha dicho…, pero os lo digo yo", adoptaba la vieja ley material como su propia ley espiritual: la humanidad de su tiempo, al contrario que la humanidad de la época de Moisés, era capaz de comprender y vivir las leyes "no matarás", "no fornicarás", no solo en su forma inmanente y material sino también en la forma más abstracta del pensamiento pecaminoso.

No se anula el pensamiento elemental, preciso y seco, sino que sirve de fase previa para los pensamientos futuros que se desarrollan a partir de él. Y esto pensamientos más livianos, menos precisos y menos materiales forman las nuevas y más ligeras ramas que perforan nuevos agujeros en el aire.

En la balanza de Jesucristo, el valor de los hechos no se estima en cuanto acción rígida y exterior sino en cuanto acción flexible e interior. Aquí está la raíz de la posterior transmutación de valores que, de forma ininterrumpida, esto es, también hoy día, sigue creando lentamente, y constituye al mismo tiempo la raíz de la interiorización que, progresivamente, estamos alcanzando también en el ámbito del arte. Y, en nuestro tiempo, de forma cada vez más revolucionaria. Siguiendo esta vía he llegado al punto de no considerar la pintura sin objetos como una supresión de todo el arte anterior, sino tan solo como una disección, de importancia considerable, eso sí, del viejo tronco único en dos ramas matrices,[10]

10. Entiendo estas dos ramas matrices como dos maneras distintas de practicar el arte. La *virtuosa* (que la música contempla ya desde hace tiempo como una manera específica, y que en literatura se corresponde con el arte dramático) se basa en un sentimiento más

una ramificación indispensable para formar la copa del árbol verde.

De manera más o menos clara, lo sentí así desde el principio, de ahí que siempre me molestara la afirmación de que pretendía romper con la vieja pintura. Nunca percibí esa ruptura en mis trabajos: en ellos percibía solo el inevitable crecimiento del arte, con su interiorización lógica y su exteriorización orgánica. Poco a poco volví a tomar conciencia del viejo sentimiento de libertad y así fueron cayendo los requisitos secundarios que yo

o menos personal y en una interpretación artística y creativa de la "naturaleza". (Un buen ejemplo: el retrato). Por naturaleza puede entenderse aquí también una obra ya existente y creada por otra mano: la obra virtuosa que surge a partir de ella es del mismo género que un cuadro pintado "del natural". Hasta el momento, los artistas han reprimido por regla general el deseo de crear esta clase de obras virtuosas, lo que es de lamentar. También la así llamada copia pertenece a este género; el copista se esmera en acercarse lo máximo posible al cuadro ajeno, igual que un dirigente puntilloso al abordar una composición ajena.

La otra manera es la compositiva, en la que la obra brota exclusivamente o en su mayor parte "del artista", tal como sucede desde hace siglos en la música. En este punto, la pintura ha dado alcance a la música, y ambas tienden cada vez más a crear obras "absolutas", esto es, obras perfectamente "objetivas", que, como las obras de la naturaleza, nacen "por sí mismas", conforme a la ley y como seres autónomos. Estas obras se acercan más al arte que vive *in abstracto* y tal vez solo ellas están predeterminadas a encarnar en un tiempo indefinido este arte *in abstracto*.

imponía al arte. Cayeron en beneficio de un solo requisito: el requisito de la "vida interior" en la obra. Para mi gran sorpresa noté aquí que este requisito creció sobre la base de lo que Jesucristo consideró como fundamento de la cualificación moral. Me di cuenta de que era esta una concepción cristiana del arte y de que, al mismo tiempo, contiene los elementos necesarios para experimentar la "tercera" revelación, la revelación del espíritu.[11]

11. El derecho de los campesinos en Rusia mencionado más arriba también es cristiano y, en este sentido, se opone al derecho romano. Recurriendo a una lógica audaz, podemos explicar la cualificación interior de la siguiente manera: esta acción no es un crimen en este hombre, aunque en general sea considerada un crimen en otros hombres. Es decir: en este caso un crimen no es un crimen. Más aún: no existe el crimen absoluto. (¡Qué contraste con *nulla poena sin lege*! Todavía más lejos: no es el hecho (lo real), sino su raíz (lo abstracto) lo que hace el mal (el bien). Y finalmente: todo hecho es indiferente. Está en el borde. La voluntad le da el golpe y él cae a la derecha o a la izquierda. La flexibilidad exterior y la precisión interior están en este caso muy desarrolladas en el pueblo ruso, y no creo exagerar al atribuir al pueblo ruso en particular una gran capacidad para desarrollarlas. No sorprende que los pueblos que se han desarrollado según los a menudo valiosos principios del espíritu romano, muy precisos formal y exteriormente (pensemos en el *ius strictum* del primer periodo), reaccionen con pasmo o desprecio ante la vida rusa. Es especialmente la observación superficial de esta vida singular lo que deja en los ojos extranjeros la impresión de blandura y maleabilidad exterior, que es interpretada como falta de consistencia, ya que la precisión interior se encuentra en lo más hondo. Como consecuencia, los librepensadores

Pero también considero lógico que suprimir el objeto en la pintura plantee grandes exigencias en lo que respecta a la vivencia interior de la forma puramente pictórica, esto es, que es absolutamente indispensable, y no debe faltar en ningún caso, una evolución del espectador en este sentido. Así se reúnen las condiciones necesarias para crear una nueva atmósfera. Mucho más adelante surgirá de esta atmósfera "el arte por el arte", que se nos aparece con indescriptible magnetismo en los sueños que hoy aún se nos escabullen.

Con el tiempo comprendí que mi tolerancia –cultivada lentamente (en parte conquistada)– hacia las obras "ajenas" no me perjudicaba en absoluto; al contrario, favorecía en gran medida la unilateralidad de mis aspiraciones. De ahí que quiera acotar y al mismo tiempo dilatar la afirmación: "El artista ha de ser unilateral", y decir en cambio: "El artista ha de ser unilateral en sus obras". La capacidad de experimentar obras ajenas (lo que cada uno hace y hará naturalmente a su manera) sensibiliza el espíritu, aumenta su capacidad de vibrar, enriqueciéndolo, expandiéndolo, refinándolo y haciéndolo aún más apto para los fines propios. Experimentar obras ajenas es

rusos muestran mucha más tolerancia por otros pueblos que la que reciben de ellos. Y esta tolerancia se convierte muchas veces en entusiasmo.

semejante, en sentido amplio, a experimentar la naturaleza. Y ¿es que un artista debe y puede ser ciego y sordo? Me atrevería a decir que uno aborda su propio trabajo con ánimo más alegre, con ardor más sereno, cuando ve que en el arte se hace un uso apropiado (más o menos apropiado) de otras posibilidades (que son infinitas). Por lo que a mí respecta, amo cualquier forma que nace necesariamente del espíritu, que ha sido creada por el espíritu. Del mismo modo, odio cualquier forma que no lo ha sido.

Creo que la filosofía del futuro estudiará con especial atención no sólo la esencia de los objetos sino también su espíritu. Se creará así una atmósfera que permitirá a las personas en general sentir el espíritu de los objetos, experimentar ese espíritu aunque sea inconscientemente, igual que hoy en día experimentan inconscientemente la apariencia de los objetos, lo que explica que el público disfrute con el arte figurativo. Pero esta es la condición para que las personas en general experimenten lo espiritual primero en las cosas materiales y más adelante en las cosas abstractas. Y gracias a esta nueva capacidad, que nacerá bajo el signo de lo "espiritual", se podrá disfrutar del arte abstracto, esto es, del arte absoluto.

Mi libro *De lo espiritual en el arte*, así como *El jinete azul*, tenían como principal objetivo despertar esa capacidad de vivir lo espiritual en los objetos materiales y en los abstractos, una capacidad absolutamente indispensable en el futuro y que nos abre a innumerables experiencias. El objetivo primordial de ambas publicaciones fue el deseo de hacer brotar esa capacidad, fuente de tantas alegrías, en las personas que aún no la tenían.[12]

Los dos libros han sido y siguen siendo malinterpretados. Se leen como "manifiestos" y a sus autores se les tiene por artistas "fracasados" que se pierden en teorizaciones. Pero nada más lejos de mi intención que apelar al intelecto, al cerebro. Esa tarea sería incluso hoy demasiado prematura, y se planteará a los artistas como el siguiente objetivo (= paso) importante e inevitable en la evolución futura del arte. Para el espíritu fortalecido y sólidamente enraizado nada puede ni podrá ya ser peligroso, tampoco la muy temida labor intelectual en el arte.

Después del ya mencionado regreso de Italia, y tras una breve estancia en Moscú, cuando yo tenía cinco años, mis padres y mi tía, Elizaveta Tijéieva, a la que debo tanto

---

12. Una vez escrito, *De lo espiritual...* quedó abandonado un par de años en un cajón de mi escritorio. Tampoco era posible materializar el proyecto de *El jinete azul*. Franz Marc allanó el camino al primer libro. Y apoyó el segundo con su colaboración y ayuda espiritual, tan comprensiva, fina y talentosa.

como a mis padres, se trasladaron por motivos de salud de mi padre al sur de Rusia (Odessa). Allí fui más tarde al instituto, pero siempre me sentí como un huésped pasajero en una ciudad foránea para toda mi familia. Nunca nos abandonó el deseo de volver a Moscú, y esta ciudad hizo brotar en mi corazón una nostalgia parecida a la que describe Chéjov en *Tres hermanas*. Cuando cumplí trece años, mi padre me llevó todos los veranos a Moscú, y a los dieciocho me trasladé definitivamente con la sensación de volver por fin a mi hogar. Mi padre procede de Siberia Oriental, a donde fueron desterrados sus antepasados desde Siberia Occidental por motivos políticos. Pero estudió en Moscú y aprendió a querer esta ciudad como su verdadero hogar. Su alma generosa y profundamente humana entendió el "espíritu moscovita", y conoce también muy bien el aspecto exterior de Moscú. Es para mí siempre un placer, por ejemplo, oírle enumerar con voz devota las innumerables iglesias con esos maravillosos viejos nombres. Sin duda resuena aquí un alma de artista. Mi madre es moscovita de nacimiento y para mí reúne las cualidades que encarnan la ciudad: llamativa belleza exterior, completamente estricta y severa, fina naturalidad racial, energía inagotable, una mezcla singular de tradición y auténtica libertad de espíritu que se refleja en un fuerte nerviosismo, una serenidad imponente, majestuosa, y un heroico dominio sobre sí misma. En suma: la encarnación de nuestra "Madre de Moscú" en "piedra blanca" y con "testa dorada". Moscú: la dualidad, la complejidad, la máxima movilidad, el choque y el revuelo en la apariencia exterior que, en última instancia, forma un rostro propio, unitario, las mismas características en la vida interior, lo que resulta incomprensible para el observador foráneo (de ahí los muchos juicios contradictorios sobre Moscú por parte de los extranjeros) y lo que resulta igualmente peculiar y, en última instancia, totalmente homogéneo: considero este Moscú al completo, que comprende lo exterior y lo interior, como la fuente de mis aspiraciones artísticas. Es el diapasón de mi pintura. Tengo la sensación de que siempre ha sido así, y de que con el transcurso del tiempo y gracias a mis progresos en cuestiones formales, he pintado y sigo pintando este mismo "modelo" con una expresividad cada vez más vigorosa, de forma cada vez más consumada, centrándome cada vez más en lo esencial. Los desvíos que he tomado del camino recto no me han perjudicado demasiado: puntos muertos en los que estaba extenuado y en los que a veces tenía la impresión de que mi trabajo había concluido, pero que eran en su mayor parte momentos de reposo en los que tomaba el impulso necesario para el siguiente paso.

En muchas cuestiones soy muy autocrítico, pero hay una cosa a la que siempre he sido fiel: la voz interior que me ha indicado mi meta en el arte, y a la que pienso seguir escuchando hasta el fin de mis días.

Múnich, junio de 1913

Prólogo a la segunda edición de
El Jinete Azul
(1914)

Han pasado dos años desde que salió esta obra. Uno de nuestros objetivos –en mi opinión el más importante– sigue casi sin lograrse. Consistía en mostrar, recurriendo a ejemplos, a composiciones prácticas, a demostraciones teóricas, que en el arte la cuestión de la forma es algo secundario, que la cuestión artística es ante todo una cuestión de contenido.

En la práctica, *El Jinete Azul*, continúa teniendo razón: lo que nace a partir de la forma ha muerto. Apenas ha vivido dos años, ha vivido presuntamente. Lo que ha nacido de la necesidad se ha seguido "desarrollando". Debido a la premura que reina en nuestra época, lo que es fácil de entender ha formado "escuelas". De ahí que el movimiento que se refleja aquí se ha ensanchado y, al mismo tiempo, se ha hecho más compacto. Se reducen así las explosiones tan necesarias para abrir nuevas rutas, y en su lugar fluyen corrientes más pausadas, más anchas, y que van poco a poco ganando caudal.

Esta dilatación del movimiento espiritual y, por otro lado, su enorme fuerza concéntrica, que arrastra hacia sí elementos siempre nuevos, son el símbolo de su designio natural y de su objetivo bien visible.

Y así discurre la vida, la realidad, por su propio camino. De manera casi inexplicable se pasan por alto las señales estruendosas de la gran época: en contra de las aspiraciones artísticas del tiempo, el público (al cual pertenecen muchos teóricos del arte) continúa observando, analizando y sistematizando exclusivamente el elemento formal.

Es posible que aún no haya llegado la hora de "oír" y "ver".

Pero también radica en la necesidad la fundada esperanza de que llegará la madurez.

Y esa esperanza es el motivo principal de que se siga publicando *El Jinete Azul*.

Al mismo tiempo, a lo largo de estos años hemos logrado en algunos casos acercarnos al futuro. En mayor medida que antes se ha hecho posible la precisión y la valoración. El resto crece orgánicamente a partir de lo genérico. Este crecimiento, así como el ya evidente nexo de los diferentes ámbitos de la vida espiritual antes presuntamente separados, su acercamiento, en parte también su impregnación mutua y, por consiguiente, las formas mixtas y por tanto más ricas que surgen de todo ello, hacen necesario seguir desarrollando la idea de esta revista, que ya enfila un nuevo número.

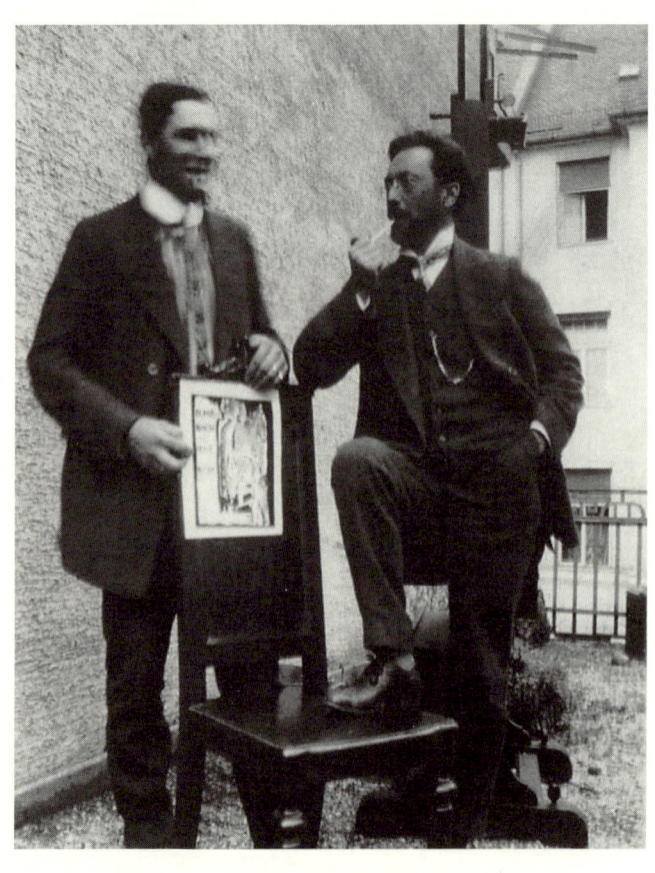

Franz Marc y Wassily Kandinsky con la portada de *El jinete azul*,
Múnich, 1911

CARTA A PAUL WESTHEIM
Das Kunstblatt (1930)

Estimado Señor Westheim:

Me anima usted a evocar mis recuerdos sobre cómo se gestó *Der Blaue Reiter / El Jinete Azul*.

Hoy –después de tantos años– creo que su petición está justificada, así que accedo con mucho gusto.

Hoy –después de tantos años– ha cambiado radicalmente la atmósfera intelectual de ese Múnich bonito y, a pesar de todo, afable. El antaño ruidoso e inquieto Schwabing se ha vuelto taciturno, de ahí no llega ninguna voz. Lástima por el bonito Múnich, y más lástima aún por el barrio de Schwabing, algo raro, bastante excéntrico y seguro de sí mismo, en cuyas calles llamaba inmediatamente la atención un hombre o una mujer (¡qué mujeres!) que no llevara una paleta, un lienzo o, al menos, un portafolios. Como un "extraño" en un "nido". Todo el mundo pintaba, componía poemas, música, o se ponía a bailar. Debajo del tejado de cada edificio había dos estudios, en los que a veces no se pintaba precisamente, pero siempre se discutía, se disputaba, se filosofaba y se bebía con alegría (la cantidad dependía más de cuestiones monetarias que morales).

- ¿Qué es Schwabing? –preguntó una vez un berlinés en Múnich.

- Es un barrio del norte de la ciudad –respondió un muniqués.

- Ni hablar –dijo otro–, es un estado de ánimo.

Esto último era mucho más cierto. Schwabing era una isla espiritual en el gran mundo, en Alemania, y desde luego en Múnich.

Viví allí largos años. Allí pinté mi primer cuadro abstracto. Allí elucubré sobre la pintura "pura", sobre el arte puro. Traté de proceder de manera "analítica", de descubrir conexiones sintéticas, soñaba con la venidera "gran síntesis", me sentía obligado a comunicar mis reflexiones no solo en la isla que me rodeaba sino también más allá de esa isla. Estaba convencido de que eran fecundas y necesarias.

Así, a partir de notas escritas al vuelo, surgió *pro doma sua*, mi primer libro: *De lo espiritual en el arte*. Lo terminé en 1911 y reposó varios años en el cajón de mi escritorio, ya que ningún editor se atrevía a asumir los (finalmente exiguos) costes de edición.

Tampoco ayudó la implicación tan cálida del gran Hugo von Tschudi.

Por la misma época maduró mi proyecto de publicar un libro (una suerte de almaque) en el que los colaboradores fueran exclusivamente artistas. Soñaba ante todo con pintores y músicos. Me inquietaba la nociva segregación entre las artes, y entre el "arte" y el arte popular, el arte infantil, o la etnografía,[1] los sólidos muros erigidos entre fenómenos que a mis ojos aparecían tan semejantes, a menudo idénticos; en una palabra: las relaciones sintéticas no me dejaban tranquilo. Hoy puede extrañar que durante mucho tiempo no lograra encontrar colaboradores ni medios para desarrollar esta idea.

Era el enérgico comienzo de los muchos "ismos", cuando aún no existía el sentimiento de lo sintético y el interés se centraba en las temperamentales "guerras civiles".

Casi el mismo día (1911-1912) nacieron en el arte dos grandes "corrientes": el cubismo y la pintura abstracta (= absoluta). Y, al mismo tiempo, el futurismo, el dadaísmo y el pronto triunfal expresionismo.

1. Mi entusiasmo por la etnografía data de hace mucho: cuando estudiaba en la universidad de Moscú percibí, si bien inconscientemente, que la etnografía es tanto un arte como una ciencia. Pero el hecho crucial fue la impactante impresión que me causó mucho después el arte negro en el Museo Etnográfico de Berlín.

¡La caldera humeaba!

La música atonal y el entonces por todas partes abucheado Arnold Schönberg soliviantaban los espíritus no menos que los mencionados ismos pictóricos.

Traté en esos años con Schönberg y hallé en él a un entusiasta seguidor de la idea de *El Jinete Azul*. (Sólo era un intercambio epistolar, pasó un tiempo antes de conocernos personalmente).

Yo ya tenía relación con alguno de los autores importantes en el futuro.

Y apareció entonces Franz Marc, de Sindelsdorf.

Bastó solo una charla: nos entendimos a ciegas. En este hombre inolvidable encontré uno de esos raros ejemplares (¿no siguen siendo raros hoy?) de artista que mira más allá de los límites de partidismos o camarillas, y que rechaza, no exterior sino interiormente, todo tipo de tradiciones que encadenan y obstaculizan.

Debo a Franz Marc la publicación de *De lo espiritual en el arte* en la editorial Piper, él fue quien allanó el camino.

Durante largos días, tardes, a veces también durante la noche, discutíamos sobre nuestro modo de actuar. Lo que teníamos ambos meridianamente claro desde el principio era que debíamos proceder de manera implacable y dictatorial: con absoluta libertad en pos de la materialización de la idea.

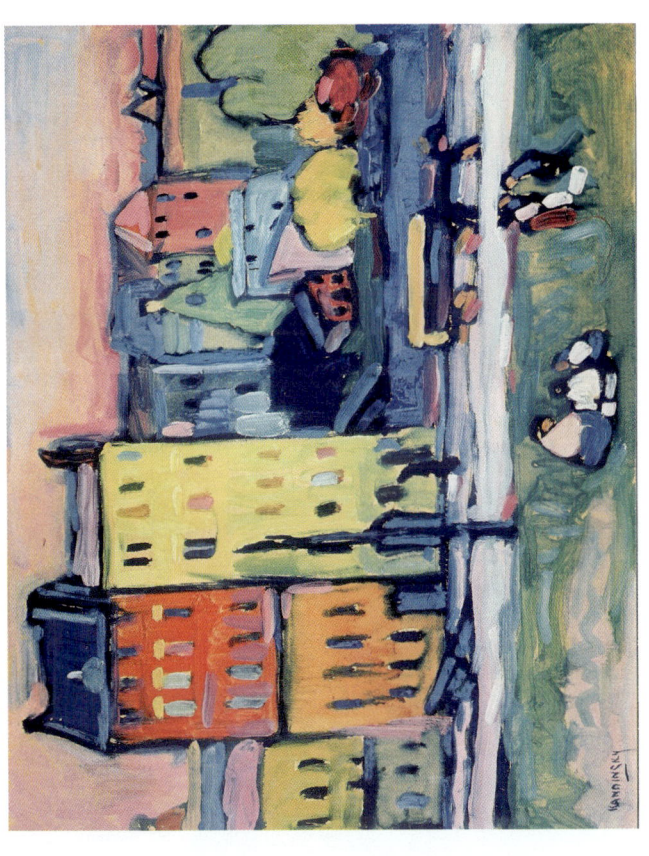

Wassily Kandinsky, *Casas en Múnich*, óleo, 1908
Von der Heydt Museum, Wuppertal

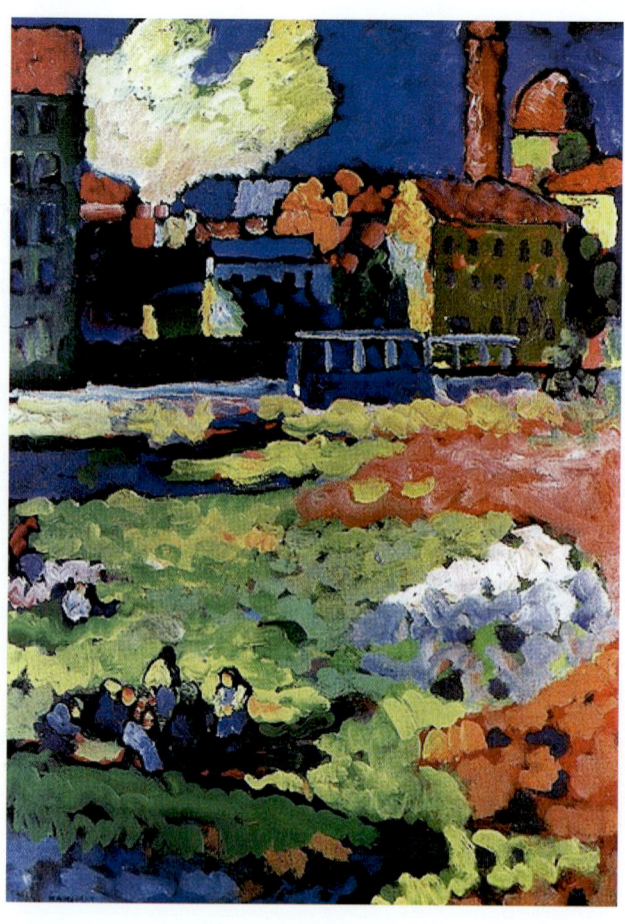

Wassily Kandinsky, *Múnich-Schwabing con la iglesia de Santa Úrsula*, óleo, 1908, Lenbachhaus, Múnich

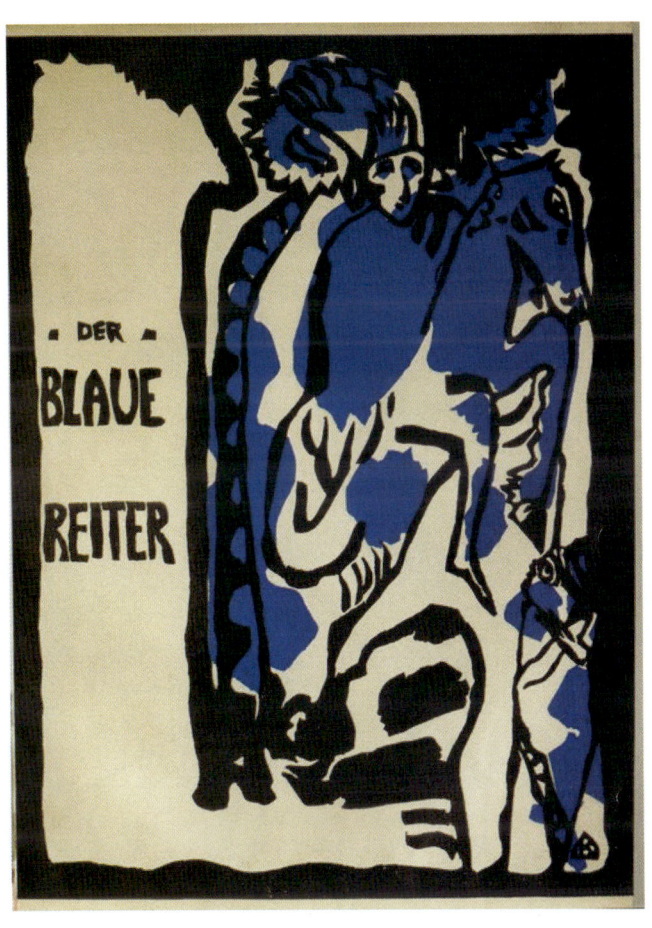

Wassily Kandinsky, *Portada* del almanaque
El jinete azul, Editorial Piper, Múnich, 1912

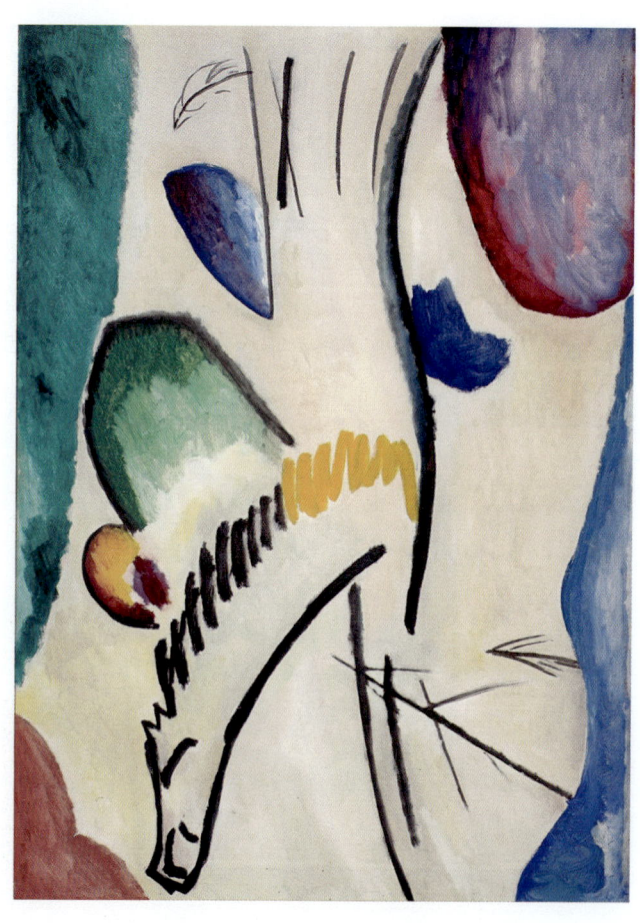

Wassily Kandinsky, *Lírico (El jinete)*, óleo, 1911
Museum Boijmans, Róterdam

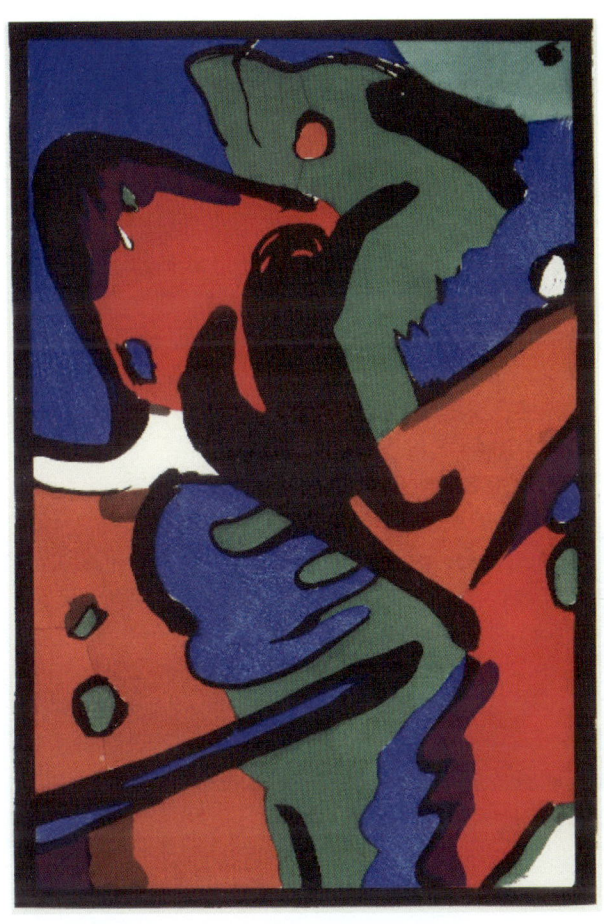

Wassily Kandinsky y Franz Marc, *El jinete azul*,
xilografía, 1912, Museum of Fine Arts, Boston

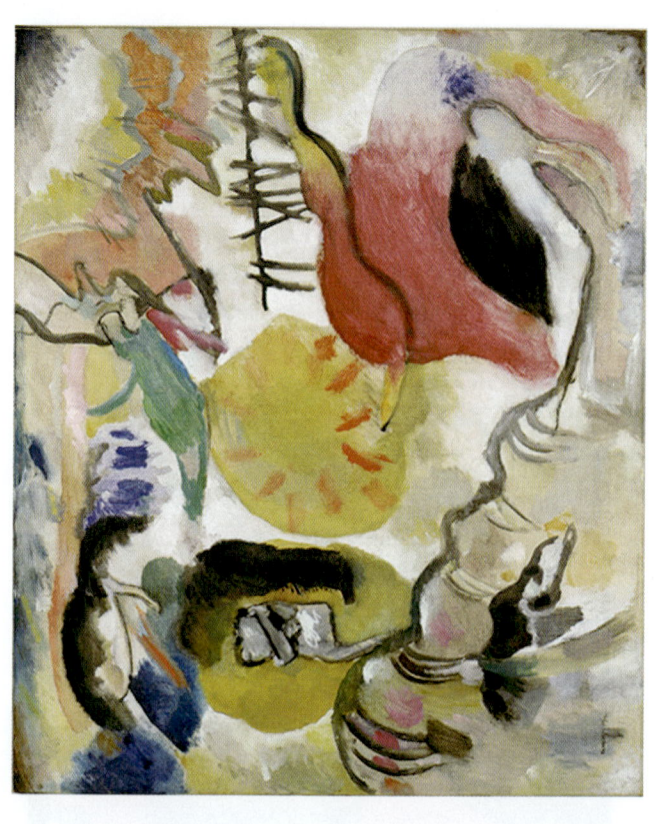

Wassily Kandinsky, *Improvisación 27*, óleo, 1913
Metropolitan Museum of Art, Nueva York

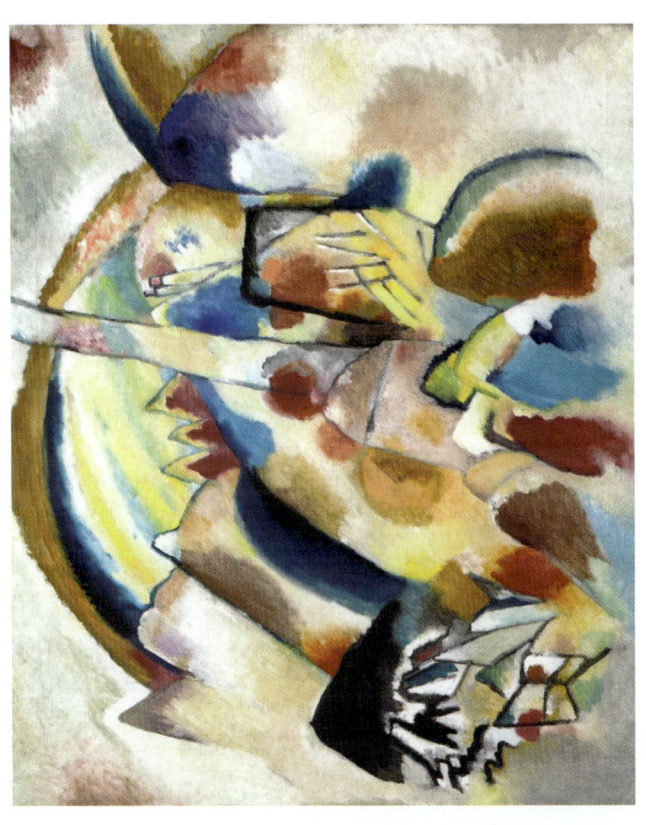

Wassily Kandinsky, *paisaje con puntos rojos*, óleo, 1913
Peggy Guggenheim Collection, Venecia

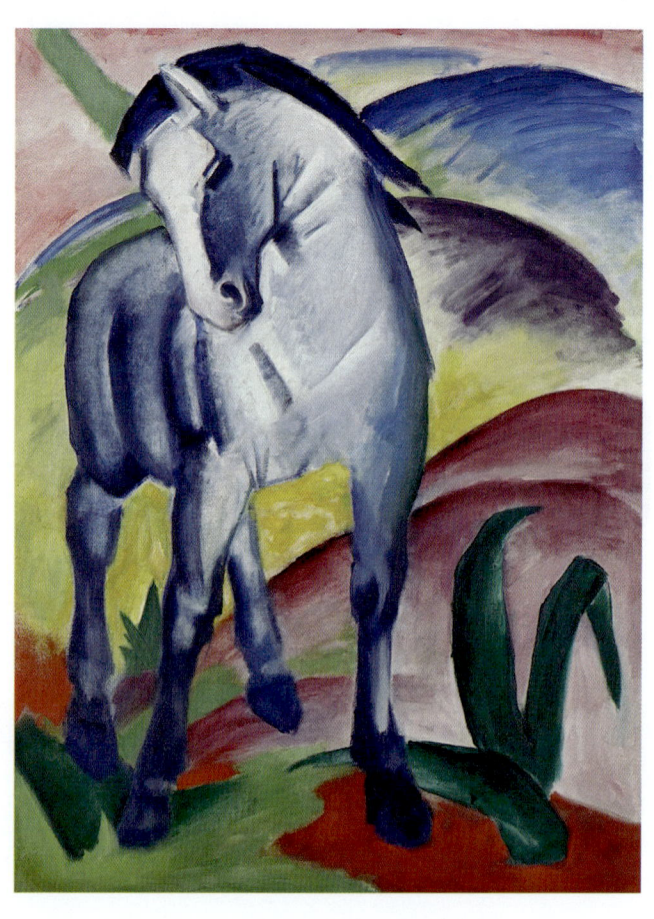

Franz Marc, *El jinete azul*, óleo, 1911
Lenbachhaus, Múnich

Franz Marc trajo a un colaborador muy valioso: el jovencísimo August Macke. Le impusimos la tarea, en la que nosotros también nos implicamos, de reunir sobre todo material etnográfico. Cumplió brillantemente su función y recibió otra, que despachó con igual brillantez: escribir un ensayo sobre máscaras.

Yo aporté los rusos (pintores, compositores, teóricos) y traduje sus artículos.

Marc trajo de Berlín un buen número de hojas: *Die Brücke / El Puente*, que se estaba construyendo y era totalmente desconocido en Múnich.

"Artista, ¡trabaja! ¡No hables!", escribían y nos decían algunos artistas que se negaban a enviar los artículos que les solicitábamos. Pero esto forma parte del capítulo de rechazos, contiendas y ofensas que no voy a tocar aquí.

¡Era sagrado! Ya antes de que el primer tomo viera la luz, Franz Marc y yo organizamos en la galería Tann-hauser la primera exposición que reunía a los redactores de *El Jinete Azul*.[2] El fundamento era el mismo: renunciar a propagar una "dirección" determinada y exclusiva, facilitar la coexistencia de fenómenos dispares en la

2. El nombre *El Jinete Azul* se nos ocurrió en Sindelsdorf, sentados a la mesita de un cenador; a los dos nos gustaba el color azul, a Marc, los caballos, a mí, los jinetes. Así que el nombre surgió por sí mismo. Y el fabuloso café que nos preparó Maria Marc nos supo aún mejor.

nueva pintura internacional y... dictadura. "... como se configura de distinta manera el deseo interior del artista...", escribí en el prólogo.

La segunda (y última) exposición, dedicada a las artes gráficas, se celebró en la galería de Hans Goltz, quien, hace unos dos años, poco antes de su muerte, me escribió una carta recordando con entusiasmo esa maravillosa época.

Paul Klee, vecino mío en Schwabing, era por aquel entonces todavía muy "pequeño". Pero puedo afirmar con orgullo justificado que, en sus dibujitos a mano (aún no pintaba), yo ya intuía al gran Klee que llegaría a ser. Uno de sus dibujos se encuentra en *El Jinete Azul*.

No quiero olvidarme de citar aquí a Bernhard Köhler, al generosísimo mecenas de Franz Marc, también recientemente fallecido. Sin su ayuda *El Jinete Azul* seguiría siendo una bella utopía, así como la exposición *Der erste deutsche Herbstsalon / El Primer Salón de Otoño Alemán*, de Herwath Walden, y varias cosas más.

Mi plan para el siguiente número de *El Jinete Azul* era situar al arte y a la ciencia uno al lado de la otra: origen, desarrollo de los métodos de trabajo, finalidad. Hoy sé mucho mejor que antes que muchas ramas pequeñas conducen a una única rama grande. El trabajo del futuro.

Luego vino la guerra y anegó también esos humildes planes.

Porque lo que es absolutamente –¡interiormente!– necesario puede aplazarse pero nunca arrancarse de raíz.

Con los mejores deseos,

Su amigo Kandinsky

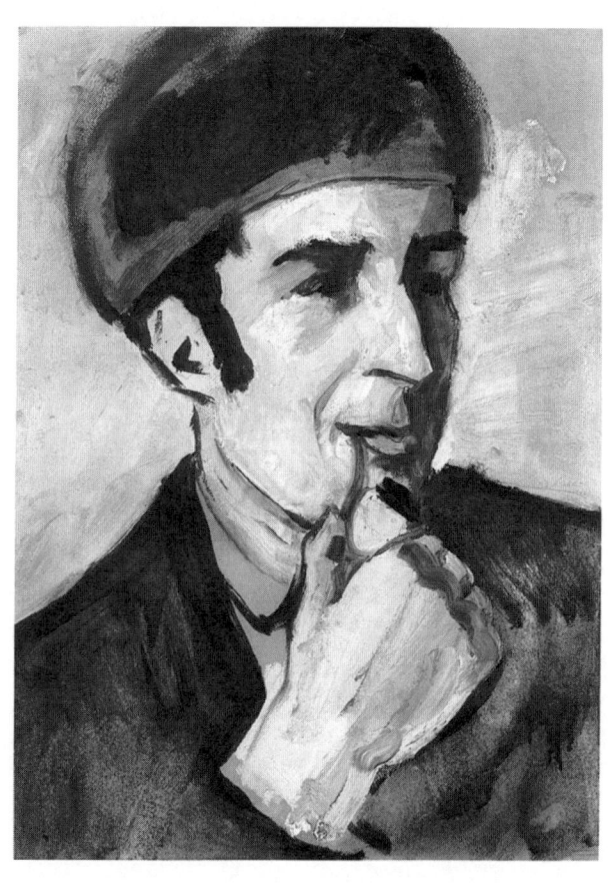

Franz Marc
(Múnich, 1880 - Braquis (Verdún), 1916)
Retratado por August Macke en 1910
Neue Nationalgalerie, Berlín

FRANZ MARC

Conocí a Franz Marc en unas circunstancias harto dramáticas. Un grupo de artistas "vanguardistas" de Múnich consiguió organizar en el año 1910, tras superar unas resistencias que aquí no quiero especificar, una exposición en una de las galerías de arte más grandes y más bonitas de esa ciudad, que tenía el sobrenombre de "la Atenas moderna".

Los "atenienses" habían desplegado en esta extraordinaria ocasión todo su genio, que, en general, cuidaban mucho de manifestar. La prensa exigió el cierre inmediato de esta exposición "anarquista" (en aquel entonces, aun no se usaba la expresión "marxista") diseñada, según se dijo, por unos artistas extranjeros que podían poner en peligro la vieja cultura bávara. Se dio a entender que los más peligrosos eran los artistas rusos; Dostoievski con su "¡todo vale!". Efectivamente, había rusos entre ellos, pero también franceses, italianos, austriacos y alemanes del norte. Eso sí, ni un bávaro. El propietario de la galería se quejó de que cada día, después de cerrar, tuviera que secar los cuadros de los escupitajos del público. Hay que decir que ese indignado público estaba bien educado; escupía sobre los lienzos, pero no los rajaba, como una vez me pasó con los míos en una exposición en otra ciudad.

Para salvar el honor de los habitantes bávaros de Múnich, he de decir que no se levantó ni una voz en defensa de la exposición. Ni una sola voz bávara; sí, en cambio, una voz prusiana: la de Hugo von Tschudi, a la sazón Director General de todos los museos de arte de Baviera. Había venido de Berlín, donde había sido Director de la Galería Nacional y donde había creado con la ayuda de donaciones privadas el Departamento de Arte Francés.

Él era un hombre de espíritu puro y libre, con una energía inagotable y una voluntad férrea; no hacia concesiones. En una palabra, le habían obligado a dejar Berlín, y el Príncipe Regente de Baviera le había confiado los museos bávaros. Gracias a él pudimos hacer nuestra exposición y gracias a él no se produjo el "cierre inmediato" que reclamaba la prensa. También era él quien acudía a la exposición para animar al propietario de la galería, que a veces perdía totalmente la cabeza. Y, finalmente, tuvo el mérito de convertir la "Alte

Pinakothek" en un milagro del arte antiguo; un milagro que desapareció poco después de su muerte.

Mas sí había allí una voz puramente bávara. Apareció de repente, salida de un pequeño pueblo de la Alta Baviera: Franz Marc había dirigido a nuestro grupo una carta de felicitación llena de entusiasmo. Tuvo la delicadeza de no presentarse personalmente para no comprometernos a entablar relaciones personales con él. Cuando más tarde le vi por primera vez, supe que había actuado conforme a su noble naturaleza.

Era un ejemplar de hombre insólito. Su aspecto exterior coincidía a la perfección con su interior: era una combinación armoniosa entre "dureza" y " blandura" .

Su alta estatura, sus anchos hombros, su casi enjuto rostro, su negro cabello y su paso, seguro y largo, le daban un aire montañés. Me gustaba verle en las montañas, en las praderas y en los bosques. Allí estaba "en su casa". Siempre le acompañaba su gran perro blanco. "Russi" (en honor a Rusia) se parecía a su amo por su estatura, fuerza y tranquilidad. Poseía la misma combinación de "dureza" y "blandura". Se completaban muy bien y se entendían excelentemente. Cuando el negro le decía algo al blanco, el blanco asentía con un movimiento de cabeza.

Marc mantenía, en general, relaciones directas con la naturaleza, como un montañés o incluso como un animal. A veces tenía la impresión de que la naturaleza estaba satisfecha de verle. Todo en la naturaleza le atraía, pero, en primer lugar, los animales. Entre el artista y sus "modelos" había un intercambio, que permitía a Marc "acceder" a la vida de los animales, y esta vida era lo que le inspiraba.

Sin embargo, nunca se perdía en los detalles, y el animal era para él sólo uno de los elementos del todo, a menudo ni siquiera un elemento esencial. Construía sus cuadros como un pintor, no como un "narrador". Por eso nunca ha sido un "pintor de animales" . Lo que le atraía era lo orgánico por excelencia, es decir, la naturaleza en general. En eso reside la explicación del mundo original que Marc creó y que se ha intentado repetir, pero sin éxito.

Desde entonces, los tiempos han cambiado de parecer, en algunos sentidos lo han hecho aun de forma sustancial. Pienso que hoy día es bastante difícil dar con alguien que se ofenda y se irrite cuando ve en un lienzo una vaca amarilla limón, un caballito de mar azul o un león bermejo. Entonces, sin embargo, el público "se subía por las paredes" y se indignaba hasta lo más profundo de su alma ante esta clase de "gestos" y ante la tendencia a "desconcertar al ciudadano" y a insultarle. Se sentía escupido; mejor dicho, escupía a nuestras obras.

No entendía que los colores y las formas transformados de esta manera "asquerosa" , esta "violación de la naturaleza" , era la aplicación meramente artística de medios naturales con el fin de expresar el peculiar mundo de la creación de Marc: un mundo fantástico pero real.

Preguntaban: "¿Ha visto usted caballos azules?" Y raras veces sucedía que una voz benévola contestara en tono bajo y medroso: "Pero... a veces, por la tarde, al ponerse el sol, un caballo negro parece casi azul". –"¡Menuda patraña!".

Ese tiempo era difícil, pero heroico. Nosotros pintábamos, y el público escupía. Hoy pintamos, y el público dice: "Es bonito". Este cambio no significa que los tiempos se hayan hecho más fáciles para el artista.

En vez de buscar un contacto directo y natural con el arte, se inventan hoy nuevas dificultades y obstáculos entre la obra y el contemplador. Así, se pregunta con gesto receloso si el arte de Marc proviene de una fuente germánica, es decir, de un alma "alemana", y si su pintura es verdaderamente alemana. Yo creo que sí, pues Marc amaba su país. En mi opinión, sería importante apreciar bajo el "alma alemana" la fuente de humanidad universal.

Marc y yo nos habíamos volcado en la pintura, mas no nos bastaba con la pintura. Entonces, tuve la idea de un libro "sintético" capaz de eliminar representaciones anticuadas y estrechas y de tumbar los muros entre las artes, entre el arte oficial y el arte no admitido, y que demostrara de una vez que el problema del arte no es un problema de la forma, sino del contenido artístico. La separación de las artes, su existencia aislada en pequeñas "células" con altos muros, duros e intransparentes, era, a mi entender, una de las consecuencias fastidiosas y peligrosas del método "analítico", que aprisionaba el método "sintético" en la ciencia y empezaba a aprisionarlo también en el arte. Los resultados siguieron: la dureza, el punto de vista mezquino, la sensación de estrechez, la pérdida de la libertad del sentimiento y, quizá, su muerte definitiva.

Mi idea era, pues, demostrar con un ejemplo que la diferencia entre el arte "oficial " y el arte "etnográfico" no tenía razón de ser; que la perniciosa costumbre de no reconocer en las diversas formas externas la raíz orgánica interna del arte en general podía acarrear la pérdida total de la relación recíproca entre el arte y la vida de la sociedad humana; así como que la diferenciación entre el arte del niño o "diletantismo" y el arte "académico" –la diferenciación gradual entre la forma "perfecta " y la forma "imperfecta"– obstruía la fuerza de la expresión y ocultaba la raíz común.

Esta idea ya no es tan nueva; han pasado veinticinco años. Con todo, a decir verdad, el punto de vista no ha cambiado mucho, en general, y el "problema de la forma" sigue asfixiando el contenido artístico (véase, por ejemplo, la discusión sobre la "posibilidad de un arte no figurativo").

Otra idea mía era la de hacer trabajar juntos a un pintor, un músico, un poeta, un bailarín, etc., y con este propósito quise dirigirme a los artistas de las "células" aisladas para invitarles a colaborar en el libro proyectado.

Marc se entusiasmó con este plan, y decidimos empezar en seguida. Fue un trabajo maravilloso, y en unos meses *El Jinete Azul* tuvo editor. Se publicó en 1912. Por primera vez en Alemania habíamos mostrado el arte de los "salvajes" en un libro de arte, así como el "arte popular" bávaro y ruso (la pintura bajo vidrio, la "Ex-voto", la "Lubki"), el "arte infantil" y el arte "diletante". Habíamos publicado una edición facsímil de *Herzgewächse*, de Arnold Schöberg, y la música de sus discípulos Alban Berg y Anton von Webern, y mostrábamos la pintura antigua junto con la moderna.

Los autores de los artículos eran pintores y músicos. Delacroix y Goethe confirmaban nuestras ideas con sus aforismos. 141 reproducciones "ilustraban" estas ideas.

El gran éxito del libro, sobre todo entre la juventud, era la prueba de que había nacido en el mejor momento.

Así alentados, hicimos planes para otro libro, en el que queríamos unir las fuerzas de artistas y científicos. Encontrar la raíz común del arte y de la ciencia era entonces nuestro sueño, que queríamos que se cumpliera cuanto antes. Pero la guerra puso fin a estos sueños.

Justo unos meses antes de empezar la guerra, Marc por casualidad consiguió colmar uno de sus deseos más fervientes: el de poseer una pequeña finca en el campo. Compró una pequeña y muy simpática casa, un trozo de bosque, un pequeño jardín y un prado donde Vivian sus cabras. Allí había ido a decirle "hasta pronto" , cuando había estallado la guerra; entonces, estábamos convencidos de que no iba a durar más de unos meses.

Marc me contesté con un "Adiós" –"¿Por qué adiós?" –"Porque no volveremos a vernos; lo sé" .

Franz Marc fue muerto el 21 de febrero de 1916 ante Verdún.

Texto, escrito con motivo del vigésimo aniversario de la muerte de Franz Marc, publicado en el número 8-10 de los *Cahiers d'Art*, 1936. Traducción de Thomas Schilling, publicada en Wasili Kandinsky, *Escritos sobre arte y artistas*, Editorial Síntesis, Madrid 2015

TEXTOS DE FRANZ MARC

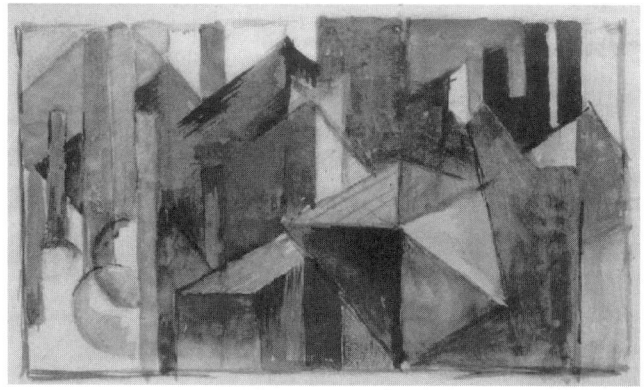

Franz Marc, *Composición abstracta*
temple, 1911

INTRODUCCIÓN A LA SEGUNDA EDICIÓN DEL ALMANAQUE *DER BLAUE REITER*
(Múnich, 1912)

"Todo lo que es, sólo puede iniciarse en la Tierra".

Esta frase de Däubler viene a definir todo nuestro crear y querer. Su cumplimiento estaría en otro lugar, en un nuevo mundo, en otra existencia. Sobre la Tierra sólo podemos indicar el tema. Este primer libro es el preludio de un nuevo tema. Su forma apasionada, inquieta, delata muy bien, a quien escucha atentamente, el sentido en que ha sido pensado. Se encontraba en una zona de manantiales en donde palpita al mismo tiempo, misteriosamente, en cien lugares, y donde, ya escondidos, ya al descubierto, cantan y murmuran por doquier. Con la varita mágica marchábamos a través del arte de los tiempos antiguos y de los actuales. Sólo señalábamos lo vivo, lo no tocado por la fuerza de las convenciones. Todo lo que en arte ha nacido por sí mismo, vive por sí mismo y no necesita las muletas de la rutina: a eso es a lo que dedicamos todo nuestro amor. Donde encontrábamos una fisura en la corteza de lo convencional, la señalábamos porque allí esperábamos hallar una fuerza que algún día saldría a la luz. Algunos de estos manantiales han vuelto a cegarse desde entonces: nuestras esperanzas eran vanas; de otros mana ya hoy una fuente viva. Pero no es éste el único sentido de este libro. El gran consuelo de la historia es que en todos los tiempos la naturaleza ha sacado nuevas fuerzas a través de todos los escombros muertos; si nuestra tarea sólo fuese señalar a una nueva generación una primavera natural, podríamos dejársela tranquilamente al paso seguro del tiempo; no habría ningún motivo para conjurar el espíritu de un gran cambio en los tiempos mediante nuestra evocación.

Decimos un No a grandes siglos. Sabemos muy bien que con este No no podremos interrumpir el paso metódico de las ciencias y del "progreso" triunfante. Tampoco pensamos en acelerar esta evolución, sino que pensamos seguir, para burlesca admiración de nuestros contemporáneos, un camino lateral, que apenas parece un camino, y decir: éste es el camino real de la evolución de la humanidad. Sabemos que hoy no nos seguirá una gran multitud; para ella es el camino demasiado empinado y poco trillado. Pero ya hay algunos que quieren caminar con nosotros, como nos lo ha enseñado el destino de este primer libro, del que vamos a publicar una nueva edición mientras nosotros mismos, libres ya de él, iniciamos un nuevo trabajo. No sabemos cuándo prepararemos el segundo libro. Tal vez no lo hagamos hasta que nos encontremos completamente solos; cuando el modernismo haya cesado de querer industrializar la selva virgen de las nuevas ideas. Antes de completar el segundo libro, hay que tachar muchas cosas y quizás arrancar otras con violencia entre las que en estos años se han adherido a nuestro movimiento. Sabemos que todo puede quedar destruido si, al comenzar una educación intelectual, las multitudes no quedan preservadas de la ambición y de la impureza. Luchamos por ideas puras, por un mundo en que puedan pensarse y expresarse ideas puras, sin volverse impuras. Sólo entonces nosotros, u otros más aptos que nosotros, pueden mostrar la otra cara de la cabeza de Jano que hoy queda oculta, mirando al lado contrario de los tiempos.

Admiramos a los apóstoles del primer cristianismo que encontraron fuerzas para la paz interior en el ruido ensordecedor de aquellos tiempos. Por este sosiego clamamos constantemente y lo anhelamos.

F[ranz] M[arc]

En Paul Vogt, *Der Blauer Reiter: un expresionismo alemán*, Editorial Blume, Barcelona 1980

Introducción al segundo libro proyectado por *Der Blaue Reiter*
(Febrero de 1914)

Una vez más, y *muchas veces más*, se intenta aquí desviar la mirada del hombre nostálgico de la apariencia bella y buena, de la posesión heredada de los viejos tiempos, para llevarla más allá, al ser terrible y amenazador.

Donde los guías de la muchedumbre señalan a la derecha, nosotros vamos a la izquierda; donde ellos señalan una meta, nosotros nos damos la vuelta; ante lo que ellos previenen, nosotros nos apresuramos a llegar.

El mundo está lleno hasta sofocarse. En cada piedra ha dejado el hombre una huella de su inteligencia. Cada palabra esta alquilada y enfeudada. ¿Qué puede hacerse para la felicidad más que abandonarlo todo y huir?, ¿más que tender una línea entre el ayer y el hoy?

En este hecho está la gran tarea de nuestros tiempos; una tarea por la que vale la pena vivir y morir. En este hecho no se mezcla ningún desprecio contra el gran pasado. Nosotros, sin embargo, queremos otra cosa; no queremos vivir alegremente de la herencia, vivir del pasado. Y si quisiéramos hacerlo, no podemos. La herencia está ya gastada; el mundo se hace vulgar con las imitaciones.

Así pues, nosotros avanzamos hacia nuevos campos, y sentimos la gran emoción de que todo esté aun sin pisar, sin decir, sin recorrer y sin investigar. El mundo se encuentra ante nosotros en toda su pureza; nuestros pasos tiemblan. Si queremos atrevernos a andar, hay que cortar el cordón umbilical que nos une con nuestro pasado materno.

El mundo da a luz una nueva época; no hay más que una pregunta: ¿Ha llegado ya el momento de desprenderse del mundo viejo? ¿Estamos ya maduros para la vita nuova? Esta es la tímida pregunta de nuestros días. Es la pregunta a que quisiera responder este libro. Lo que hay en este libro sólo tiene relación con esta pregunta y no sirve para ninguna otra. Por ella hay que medir su forma y su valor.

Fz. Marc

En Paul Vogt, *Der Blauer Reiter: un expresionismo alemán*, Editorial Blume, Barcelona 1980

KANDINSKY

Celebro poder escribir sobre Kandinsky. Cuando pienso en él, me lo imagino siempre en una calle amplia, llena de figuras angustiadas que gritan y, entre ellas, un hombre inteligente que camina con tranquilidad: él. Así debería retratarlo Kubin.

Los cuadros de Kandinsky, por el contrario, en mi imaginación, están muy lejos de la calle, inmersos en las paredes azules del cielo, donde viven en silencio su vida festiva. Ya están ahí, y pronto escaparán de la oscuridad del silencio contemporáneo y volverán a brillar como cometas.

Si pienso en estos cuadros y, al mismo tiempo, en lo que solemos llamar "pintura europea", veo cómo el "espíritu" pone a prueba a la pintura. ¡Sin piedad! La pintura habría estado tan bien sin él, pero ahora está asustada y nerviosa en su desesperación por no dejarse penetrar por el espíritu. Esta escena la debería dibujar Paul Klee. Sólo él sabría hacerlo.

Y una cosa más me viene a la mente, cuando pienso en los cuadros de Kandinsky: un agradecimiento inefable, porque vuelve a existir un hombre que sabe mover montañas. ¡Y con qué nobleza de espíritu lo ha hecho! Saberlo, proporciona un consuelo indescriptible.

Qué estúpidos son todos los intentos de oponerse al arte de Kandinsky. Hay algunos pensadores que todavía se preguntan seriamente si el arte de Kandinsky es posible y concebible; olvidan que sus cuadros ya han sido pintados, ya existen. Todos pueden verlos. Pero es así: quienes tienen el corazón seco, incapaz de latir ante las grandes obras, tienden a despreciar estas obras, como lo hace la gente corriente, en lugar de plantearse algunas preguntas sencillas. Razonan basándose en recuerdos escolares, con una lógica polvorienta, y la aplican a los cuadros. Miden el vuelo de los pájaros con la cinta métrica del aduanero.

Ignorémoslos. Lo contrario, sólo sería una pérdida de tiempo y afanes. Hay otras cosas en las que pensar. ¿Pueden desaparecer las cosas que han sido creadas? ¿Se pueden negar o eliminar? Los pintores conocemos ese momento mágico de nuestro trabajo cuando la obra empieza a respirar. Se desprende de nosotros e inicia su propia vida. Aunque inicialmente dueños del cuadro, en ese momento nos convertimos en sus esclavos. Se nos muestra ajeno, grande, lleno de señales y de fuerza. Que este momento maravilloso llegue pronto o tarde, es sólo cosa del juicio artístico. Los pintores lo sabemos. Algunos, demasiados, siguen siendo dueños de su pintura hasta el final. Cuanto más imperiosamente se dirija el pintor al mundo, más pobre y sumisa será la apariencia de sus cuadros. En vida, estos pintores serán siempre más celebrados que sus cuadros, los cuales nada tienen que celebrar, pues tan sólo se someten a las habilidades de sus amos. Hay un triste síntoma en el currículum de muchísimos pintores famosos: crearon sus primeras cosas bellas siendo jóvenes, afanosos y honestos, y terminaron dándose importancia con obras ciertamente anodinas.

Las verdaderas obras se emancipan apenas nacen de la voluntad del creador. Me parece que hoy en día estas obras faltan. Entre las raras excepciones se encuentran las obras de Kandinsky. Estas obras no nacieron de una voluntad mortal; su individualidad purificó los deseos del artista y los mantuvo a su merced; su ser es inmortal. Los vuelvo a ver, en las paredes del cielo. ¿Por qué no creer que un ángel las pintó –cosas de su reino–, con las manos de nuestro amigo Kandinsky?

Publicado en la revista *Der Sturm*, n.186-187, noviembre 1913.
Traducción de Franco Foría

www.casimirolibros.es